Ralf Schauerhammer

SACKGASSE ÖKOSTAAT

Kein Platz für Menschen

Dr. Böttiger Verlags-GmbH, Wiesbaden

1. – 10. Tausend: 1. März 1990
10. – 20. Tausend: 1. Mai 1990

Satz: Dinges & Frick, Wiesbaden

Druck: Ebner Ulm
Printed in Germany ISBN 3-925725-06-7

Inhalt

Danksagung

Nachdem nun die Arbeit getan und das Buch zu meiner Zufriedenheit ausgefallen ist, möchte ich allen herzlich danken, die dazu beigetragen haben: vor allen dem Verleger *Dr. Helmut Böttiger,* der überhaupt erst die Idee hatte, ein derartiges Buch zu schreiben, und selbst zu den drei Kapiteln über die Kernenergie das meiste beigetragen hat. Das Kapitel über den deutschen Wald stammt von *Heinz Horeis,* und *Dr. Wolfgang Lillge* hat mir bei Fragen zu Umweltgiften und mit Beiträgen zum Kapitel über das DDT-Verbot geholfen. *Dr. Jonathan Tennenbaum* und meine Frau *Rosemarie Schauerhammer* haben mich durch Kritik und Anregungen unterstützt, und schließlich hat *Gabriele Liebig* durch Korrektur und Endredaktion für den letzten Schliff gesorgt. Das Titelbild wurde von *Ursula Cicconi* gestaltet. Allen nochmals vielen Dank. Nun bleibt zu hoffen, daß dieses Buch vielen Lesern neue Denkanstöße liefern und auf diese Weise zu einer vernünftigen Wende in der Umweltdebatte beitragen wird.

Ralf Schauerhammer, im Januar 1990

Vorwort

„Ökologie“ und „Umweltschutz“ sind wohl die meistgebrauchten Worte unserer Tage; wahrscheinlich sind es aber auch die am meisten mißverstandenen und mißbrauchten. Wer „Umweltschutz“ nicht zum inhaltslosen Modewort verkommen lassen will, der sollte sich jedesmal genau überlegen, was mit dem Wort gemeint ist. Geht es konkret darum, die Natur zu erhalten, Menschen und Kreatur zu schützen und sie für die Zukunft zu pflegen, ja, wenn möglich sogar zu verbessern? Oder geht es im konkreten Einzelfall darum, mit den Wünschen und Ängsten der Bevölkerung „Politik zu machen“, und wird dabei das Wort „Umweltschutz“ nur als inhaltsleere, aber „Akzeptanz“ erzeugende Floskel verwandt? Wer mit offenen Augen durchs Leben geht, wird diesem Widerspruch tagtäglich begegnen.

„Ist es nicht paradox“, so denken viele Mitglieder der Umweltschutzbewegung, „daß ausgerechnet die eiserne Lady Margret Thatcher eine der unseren geworden ist und wacker gegen das Ozonloch zu Felde zieht, als ginge es zum Sturm auf die Falkland-Inseln?“ „Im Grunde ist es paradox!“ denkt der liberale Umweltschützer, wenn sich ausgerechnet Herr Gorbatschow, der Machthaber der immer noch größten Diktatur der Welt, zum Umweltschützer mausert und nach ganz neuen, globalen Machtmitteln ruft, mit denen man Maßnahmen für den Umweltschutz auch gegen die Souveränitätsrechte einzelner Staaten durchsetzen kann. Paradox ist auch, daß sich ausgerechnet der „coole“ und berechnende George Bush zum „Umweltpräsidenten“ der Vereinigten Staaten aufschwingt und man schon befürchten muß, er wolle bald Jimmy Carter zu einem gigantischen Wettbewerb im Grinsen herausfordern.

Vieles ist paradox an der grünen Bewegung. Einerseits heftet sie sich radikaldemokratische Thesen an die Fahne; andererseits schaltet und waltet der internationale Hochadel, das lebendige Gegenstück zur Demokratie, in den Führungsgremien der wichtigsten Umweltschutzorganisationen, wie etwa der britische Prinz Philip als Vorsitzender des *World Wildlife Fund*, der auf diesem Posten Prinz Bernhard von den Niederlanden ablöste. Einerseits ruft man laut nach Basisdemokratie; andererseits wird das Erscheinungsbild der grünen Bewegung von besonders straff durchorganisierten Gruppen geprägt, wie etwa dem „Umweltgiganten" *Greenpeace*, dessen Operationen weltweit allein von einem fünfköpfigen internationalen „Council" gelenkt werden, und dessen in der Bundesrepublik gegründeter „Verein" auf zehntausend „spendenberechtigte" Mitglieder gerade ein stimmberechtigtes Mitglied hat. Einerseits wird viel von individueller Selbstverwirklichung geredet; andererseits fühlen sich gerade Vertreter der grünen Bewegung dazu berufen, wie Rudolf Bahro die Lehre von der „Öko-Diktatur" zu predigen.

Immer offensichtlicher werden auch die Widersprüche, die sich aus der engen Verknüpfung des Umweltschutzes mit der Ideologie des Nullwachstums ergeben. In den Ostblockstaaten setzt sich der Freiheitswille der Bevölkerung durch, und der jahrzehntelang betriebene Raubbau der kommunistischen Diktaturen an den Menschen wie an der Natur kommt ans Licht. Und in dem Maße, wie es sich nun erweist, daß diese verheerenden Schäden an Gesellschaft und Umwelt nur im Rahmen eines von der Bevölkerung ersehnten industriellen Aufbauprogramms repariert werden können, muß diese kurzgestochene Naht zwischen Umweltschutz und Nullwachstum zwangsläufig zerplatzen. Zusätzlich wird in dem Maße, wie das Nullwachstumsdiktat supranationaler Banken die Existenzgrundlage ganzer

Entwicklungsländer auslöscht, sie zum Drogenhandel und zum Abholzen von Regenwäldern treibt, Umweltschützern die Sackgasse bewußt, in die man durch ökologisch begründetes Nullwachstum gerät. Schon heute wird von manchen Umweltschützern der Einsatz modernster Technologie in den Entwicklungsländer gefordert.

Es ist an der Zeit, die grundlegenden Argumente der Umweltschutzbewegung erneut zu überprüfen und zu hinterfragen. Dieses Buch tut das von einem Standpunkt aus, der die Natur erhalten und pflegen will, der vor allem aber die Menschen erhalten und entwickeln will und sich im Zweifelsfall für das Wohlergehen der Menschen entscheidet. Dieses Buch ist keine ausgewogene Darstellung des Für und Wider von Umweltargumenten, sondern es will die Denkfehler der Umweltdogmen aufzeigen, die uns tagtäglich als fast unverdauliche Masse aus den Medien entgegenquellen.

Wer also felsenfest davon überzeugt ist, daß Kernkraftwerke Teufelswerk sind, der braucht dieses Buch genauso wenig zu lesen, wie der, dem schon immer klar war, daß Umweltschützer verkappte Kommunisten sind, zumindest jedoch arbeitsscheu. Dieses Buch ist geschrieben für Leute, die glatten Formeln mißtrauen, die sich auch einmal gegen den Zeitgeist stellen, die selbst nachdenken und zum Vorausdenken anregen wollen. Wer sich im stillen Kämmerlein über die Umweltdebatte der vergangenen Jahre geärgert hat, aber nicht weiß warum, dem wird dieses Buch viele Fragen beantworten, aber auch wer sich als Umweltschützer in Zukunft ernst nehmen will, der wird an diesem Buch nicht vorbeikommen.

1. Kapitel

Achtung Ozonloch!

Schon seit Tagen ist das Wetter schwülwarm und die Luft drückend. „Es ist bald nicht mehr auszuhalten!“ stöhnt die Mittfünfzigerin im vollbesetzten Bus: „Dieses Ozonloch macht das Klima immer unerträglicher!“ Allgemeines Kopfnicken, eine kurze Pause, und dann hat man ein allgemein anerkanntes Gesprächsthema. Man redet nicht übers Wetter, nein, man diskutiert über die Gefahren, die vom Ozonloch ausgehen, und die junge Mutter mit der Jutetasche weiß sogar zu berichten, wieso die nahegelegene Chemiefabrik schuld daran ist.

Szenenwechsel. Besuch bei einem Bekannten im Krankenhaus. Er hatte, unzureichend ausgebildet, während seines Urlaubs in Österreich als Drachenflieger Flugstunden sammeln wollen. Wie sich herausstellt, hatte er noch Glück im Unglück und bei seinem Absturz nur eine Wirbelsäulenprellung erlitten, von der er sich nach Auskunft der Ärzte wieder völlig erholen wird. Der Unglücksflieger weiß natürlich genau zu schildern, wie es zu dem Absturz kam. Das entscheidende Problem: „Plötzlich bin ich in ein Ozonloch geraten, und es ging schlagartig abwärts!“, erklärt er mit ernster Miene.

Nochmals Szenenwechsel zur „Konferenz zur Rettung der Ozonschicht“ in London am 7. 3. 1989. Es sind 124 Delegierte aus aller Welt versammelt, und Prinz Charles ergreift das Wort: „Wichtig ist es, den Mann auf der Straße zu überzeugen, daß er sogar im Winter mit Sonnenbrille und einer dicken Schicht Sonnenöl mit Lichtschutzfaktor

16 auf die Straße gehen muß, wenn die Ozonschicht nicht geschützt wird." Beifall.

Man könnte Szenen aus dem finstersten Mittelalter anfügen, und brauchte nur die Worte „Hexe", „Beelzebub" und „böser Blick" durch den Begriff „Ozonloch" zu ersetzen: Ein Unterschied zu den Szenen aus der Moderne wäre nicht festzustellen.

Wie ist es nur möglich, daß in einem so aufgeklärten Zeitalter, wie es das unsere angeblich ist, ein Phantom durch die Hirnschalen spukt, Ängste erzeugt und absurde politische Handlungen begründet. Wie kann das Phantom des angeblich „vom Menschen erzeugten Ozonlochs" so prächtig in den Medien gedeihen, auf Parteiversammlungen Kapriolen schlagen und sogar wissenschaftliche Konferenzen zum Narren halten? Der Frage lohnt sich nachzugehen!

Der Geist aus einem Laborversuch

Wie bei einem Phantom nicht anders zu erwarten, ist kaum zu ergründen, wo die Mär des „vom Menschen erzeugten Ozonlochs" eigentlich herkommt. Doch einen wichtigen Anfangspunkt kann man im Jahre 1974 finden. Damals veröffentlichten die Chemiker F. Sherwood Rowland und Mario J. Molina von der Universität von Kalifornien eine Untersuchung, in der sie darauf hinwiesen, daß eine Gruppe chemischer Verbindungen — sie werden unter der heute allbekannten Abkürzung „FCKW" zusammengefaßt — „potentiell" in der Lage sein könnte, zehn Prozent des Ozons in der Stratosphäre zu zerstören. Die beiden Chemiker hatten nämlich im Labor Versuche gemacht, aus deren Ergebnissen sie folgerten: Falls die FCKWs durch irgendeinen ungeklärten Mechanismus in die Stratosphäre gelangen, dann würden sie dort möglicherweise von den dort oben vorhandenen harten UV-Strahlen der Sonne so zerlegt, daß Chloratome frei würden. Mit diesen Chloratomen ist nun ein Reaktionskreislauf denkbar, bei dem Ozonmoleküle (aus drei Sauerstoffatomen) in normale Sauerstoffmoleküle (aus zwei Sauerstoffatomen) umgewandelt werden, wobei die Chloratome viele tausend Mal wieder frei würden, um weitere Ozonmoleküle zu „zerstören".

Als Chemiker wissen Rowland und Molina natürlich, daß das nicht die einzigen chemischen Reaktionen sind, die in der Stratosphäre stattfinden können. Man kennt mindestens 192 verschiedene chemische Reaktionen, von denen 48 photochemische Reaktionen sind, welche viele tausend Meter über unseren Köpfen in der Stratosphäre ablaufen. Wenn man eine photochemische Reaktion, wie die von Rowland und Molina beschriebene, in einem Labor ablaufen lassen kann, dann ist natürlich noch lange nicht sicher, ob sie in dieser Form tatsächlich in der Stratosphäre abläuft. Deshalb drückten sich die beiden Chemiker im Vorspann ihrer Veröffentlichung auch ganz vorsichtig aus: „Wir haben versucht, die möglichen Senken und Verweilzeiten dieser Moleküle zu berechnen." Worte wie „versucht" und „möglich" sind jedoch aus fetzigen Zeitungsartikeln und griffigen Politikersprüchen verbannt. So wurde aus einer „Hypothese" flugs die „Tatsache" des „vom Menschen erzeugten Ozonlochs".

Und das, obwohl eigentlich große Vorsicht geboten war, denn man hatte bereits in den sechziger Jahren schlechte Erfahrungen mit unhaltbaren Thesen über die angebliche Zerstörung der Ozonschicht in der Stratosphäre gemacht. So war zum Beispiel behauptet worden, daß Düngemittel und Pflanzenschutzmittel das Ozon zerstören. Dann waren es die Atomtests und schließlich die Triebwerke von Düsenflugzeugen und Raketen, welche angeblich die Ozonschicht massakrierten. Keine dieser Theorien war wissenschaftlich haltbar. Der Vorrat an „Thesen" erschöpfte sich, und um die Ozonschicht wurde es ruhig.

Da plötzlich geschah es! Ende 1985 entdeckte eine von Robert Watson geleitete Forschergruppe in der Antarktis das „Ozonloch". Man hatte dort von einer Forschungsstation aus mit optischen Geräten Messungen des Ozongehalts der Atmosphäre gemacht und diese mit Ergebnissen des Forschungssatelliten *Nimbus*-7 abgestimmt. Und was hatte man festgestellt? Nach dem antarktischen Winter, also im September und Oktober, sank der Ozongehalt um etwa ein Viertel ab, um dann wieder anzusteigen. Das Ergebnis wurde als große Überraschung dargestellt und erhielt den Namen „Ozonloch". Sofort wurde auch die Veröffentlichung von Rowland und Molina hervorgeholt. Ganz offensichtlich war dadurch die Ursache für das so plötzlich entstandene Ozonloch gefunden.

Auf die naheliegende Frage, ob man nicht nur ein Phänomen erstmals bewußt sah, welches schon seit langem existiert, wurde keine Zeit verschwendet. Sie paßte auch gar nicht in das Bild des „vom Menschen erzeugten Ozonlochs", denn das mußte ja genauso neu und einmalig sein wie die es verursachenden FCKWs. Außerdem tat das „Ozonloch" den Vertretern dieser These bis zum Jahr 1987 den Gefallen und wuchs von Jahr zu Jahr. Dann wurde es um das „Ozonloch" in den Medien plötzlich etwas stiller, denn es nahm wieder ab und drohte 1989 ganz zu verschwinden. Genau das war von einer normalen klimatischen Schwankung in unserer Atmosphäre auch zu erwarten, aber im Rahmen der simplistischen FCKW-These ist das ganz unerklärlich.

Vor lauter Entdeckungseifer unterliefen einige Fehler, die jedem ernsthaften Forscher die Schamröte ins Gesicht treiben würden. Erstens hätte man bei ernsthafter Würdigung der Fachliteratur feststellen können, daß die Entdeckung gar nicht neu war, sondern daß Gordon Dobson, der berühmte „Vater der Ozonforschung", bereits drei Jahrzehnte zuvor das „Ozonloch" entdeckt hatte, ohne seinen Meßergebnissen jedoch besondere Bedeutung beizumessen. Zweitens hätte man von Geologen und Klimaforschern erfahren können, daß bereits im letzten Jahrhundert von der Natur selbst ein gigantisches Langzeitexperiment durchgeführt wurde, welches die These des „vom Menschen verursachten Ozonlochs" lange vor ihrem Entstehen bereits widerlegt hat.

Eine Entdeckung, die keine war

Was dieses „Loch" im Literaturstudium betrifft, können wir leicht Abhilfe schaffen. Im März 1968 hat Gordon Dobson in der Zeitschrift *Applied Optics* in seiner geschichtlichen Beschreibung der vergangenen „vierzig Jahre Erforschung des atmosphärischen Ozons" selbst für Laien verständlich und sehr interessant beschrieben, wie das „Ozonloch" wirklich gefunden wurde. Er berichtete über 1956 und 1957 vorgenommene Messungen auf der antarktischen Forschungsstation Halley Bay:

„Eines der interessantesten Ergebnisse der atmosphärischen Ozonforschung ereignete sich im Verlauf des Internationalen Geophysikalischen Jahres (1956) mit der Entdeckung einer ganz eigenen Schwankung des jährlichen Ozonwertes in der Halley Bay. Das Ozonmeßinstrument war zur Überprüfung nach Shotover gebracht worden, bevor es England verlassen hatte. Darüberhinaus war Evans, der die Messungen in Halley Bay selbst vornahm, ebenfalls in Shotover gewesen, um sich mit dem Umgang und der Wartung des Gerätes vertraut zu machen. Wir kannten die jährlichen Schwankungen des Ozonwertes von Spitzbergen, nahe des Nordpols, damals recht gut und wußten deshalb, was wir mit einer sechsmonatigen Zeitverschiebung zu erwarten hatten. Als jedoch die ersten monatlichen Telegramme von Halley Bay ankamen und die gezeichnete Kurve mit der von Spitzbergen verglichen wurde, da waren die Werte für September und Oktober etwa 150 Dobsoneinheiten niedriger als erwartet. Wir dachten natürlich, daß Evans einen groben Fehler gemacht hatte oder daß das Instrument trotz der gründlichen Prüfung vor seiner Verschiffung aus England fehlerhaft arbeitete. Im November stiegen die Meßwerte sprunghaft auf Ergebnisse, wie wir sie nach den Ergebnissen aus Spitzbergen erwarteten. Erst als sich im folgenden Jahr diese gleiche Schwankung wiederholte, realisierten wir, daß die Meßergebnisse in der Tat korrekt gewesen waren und daß Halley Bay einen äußerst interessanten Unterschied zu anderen Teilen der Welt aufweist. Es ist klar, daß der Winterwirbel über dem Südpol länger in den Frühling hinein stabil blieb und daß dadurch die Ozonwerte niedrig blieben. Wenn dann im November dieser Wirbel plötzlich aufbrach, stiegen die Ozonwerte und die Temperaturen der Stratosphäre plötzlich an."

Dobson beschreibt nicht nur ganz deutlich die „jährliche Schwankung" der Ozonwerte, die heute unter der Bezeichnung „Ozonloch" Furore macht, er gibt auch eine ganz natürliche Erklärung: die besondere stabile Wetterlage über der winterlichen Antarktis. Natürlich ist es möglich, daß diese Hypothese Dobsons falsch ist. Gegenüber der FCKW-These hat sie jedoch einen entscheidenden Vorteil: Sie kann zumindest richtig sein, die FCKW-These kann es nicht.

Das Langzeitexperiment

Rechnen wir einmal nach. Das Ozonloch ist also nicht erst 1985 entdeckt worden, sondern es wurde bereits 1956 festgestellt. Wie paßt das nun mit den „vom Menschen gemachten" FCKWs zusammen? Die FCKWs, welche nach dieser These die „Verursacher" des Ozonlochs sind, werden seit den dreißiger Jahren hergestellt; anfangs jedoch in sehr geringen Mengen. Die Weltproduktion lag Mitte der fünfziger Jahre bei etwa 75 000 Tonnen. Erst in den sechziger Jahren stieg die Produktion steil an und erreichte 1975 mehr als den zehnfachen Wert, nämlich 800 000 Jahrestonnen. Seit 10 Jahren blieb die Produktion etwa auf diesem Niveau. Von den Verfechtern der FCKW-These wird immer die lange Lebensdauer der FCKWs betont. Sie soll erklären, daß FCKWs überhaupt vom Erdboden bis hinauf in die Stratosphäre gelangen können. Eine plausible Erklärung dafür, wie die relativ schweren Molküle das schaffen können, gibt es bis heute nicht. Jetzt stellt sich jedoch ein viel schwierigeres Problem, bei dem die lange Lebensdauer der FCKWs gar nicht helfen kann. Die FCKWs müssen das „Ozonloch von 1956" in der Stratosphäre zu einem Zeitpunkt verursacht haben, an dem sie auf der Erde noch gar nicht in ausreichenden Mengen hergestellt wurden. Wenn die FCKW-These richtig ist, dann haben diese Stoffe nicht nur ein langes Leben, sondern auch die Fähigkeit, die Zeit rückwärts laufen zu lassen. Sie waren offensichtlich bereits chemisch aktiv, bevor sie überhaupt existierten. Vielleicht ist aber auch nur die These des „vom Menschen erzeugten Ozonlochs" falsch.

Für passionierte Umweltschützer sind die gerade vorgebrachten Argumente auf verdächtige Art und Weise logisch. Wie sollen wir ihn überzeugen? Vielleicht durch ein einfaches Experiment? Wie wäre es damit! Angenommen die FCKW-These stimmt; dann ist das von den FCKWs abgespaltene Chlor in der Stratosphäre für die Zerstörung der Ozonschicht verantwortlich. Soweit sind wir uns einig. Um herauszufinden, ob das wahr ist, muß man nicht lange reden, man braucht nur eine große Menge Chlorgase in die Stratosphäre einzubringen. Ein brauchbarer Vorschlag wäre zum Beispiel ein Versuch, bei dem das Zwanzigfache der jährlich durch die FCKW-Produktion erzeugten Menge an Chlorgasen hoch in die Atmosphäre gepustet würde, oder um sicher zu gehen, das Zweihundertfache. Dann könnte man genau studieren, ob die Ozonschicht darunter leidet. Bevor unser passionierter Umweltschützer in Ohnmacht fällt, wollen wir ihm schnell versichern, daß wir natürlich dieses riskante Experiment nicht im Ernst ausführen wollen. Es ist auch gar nicht notwendig, denn jemand, gegen den der passionierte Umweltschützer nichts einwenden wird, hat es bereits ausgeführt: „Mutter Natur".

Gehen wir zurück ins Jahr 1815. Zwischen Australien und Borneo zehn Grad südlicher Breite liegt die Insel Sumbawa. In diesem Jahr bricht dort der Vulkan Tambora aus und speit schlagartig mehr als 210 Millionen Tonnen Chlorgase hoch in die Atmosphäre — weit mehr als das 250-fache der heutigen Weltjahresproduktion an FCKWs. Effektiver als durch die aufsteigenden warmen Luftmassen eines Vulkanausbruchs hätte man diese Chlormassen nicht dem stratosphärischen Ozon entgegenschleudern können. Gebannt warten wir darauf, was geschieht. Wir warten noch heute. Nichts ist geschehen. Keine Zuname von Hautkrebs, keine spürbaren Wetterveränderungen, nichts von all den angeblichen Katastrophen. Auch nicht 10 Jahre danach, nicht eine Generation danach, nicht 100 Jahre danach. Aber genau 170 Jahre danach wird wissenschaftlich bewiesen, daß weniger als ein halbes Prozent dieser Gasmenge plötzlich ein „gefährliches Ozonloch" in die Atmosphäre bohrt.

Jahr für Jahr speit „Mutter Natur" aus Vulkanen etwa 20-mal mehr Chlorgase in die Atmosphäre, als die Menschheit durch ihre FCKWs produziert. Jahr für Jahr befördert die Natur 300-mal mehr Chlorgase aus dem Salzwasser der Meere in die Atmosphäre, als die Menschheit durch ihre FCKWs produziert; Salz ist bekanntlich Natrium*chlorid*. Jahr für Jahr bringt allein die Biosphäre mehr als viermal soviel Chlorgase in die Atmosphäre ein, wie die Menschheit durch ihre FCKWs produziert. Und zu allem Überfluß ignoriert diese „Mutter Natur" all die mühsam ausgehandelten internationalen Abkommen zur Produktionsbegrenzung. Wer schützt die Ozonschicht vor der Natur!

Die bohrenden Fragen bleiben

Das „vom Menschen verursachte Ozonloch" ist tatsächlich ein Phantom: keinerlei Substanz, nirgends Haut und Knochen. Aber können wir jetzt zufrieden sein? Ist die Frage gelöst, wie es möglich ist, daß in unserem angeblich so aufgeklärten Zeitalter dieses Phantom Ängste erzeugt und absurde politische Handlungen begründet, prächtig in den Medien gedeiht, auf Parteiversammlungen Kapriolen schlägt und sogar wissenschaftliche Konferenzen zum Narren hält? Eigentlich nicht! Eigentlich kann diese Frage erst im weiteren Verlauf des Buches beantwortet werden. Die Frage ist ein politisches oder genaugenommen ein kulturelles Problem.

An dieser Stelle können wir uns jedoch schon überlegen, welche politischen Ziele bei Leuten vorherrschen, die es wichtig finden, „den Mann auf der Straße zu überzeugen, daß er sogar im Winter mit Sonnenbrille und einer dicken Schicht Sonnenöl mit Lichtschutzfaktor 16 auf die Straße gehen muß, wenn die Ozonschicht nicht geschützt wird." Eine Horrorvision! Die Verbreitung von Angst und Schrecken vor äußeren Gefahren und Gewalten — haben sich nicht von jeher Diktaturen mit Hilfe solcher Methoden durchgesetzt? Ist es übertrieben, wenn man angesichts der völlig absurden Ozonloch-Debatte diese Gefahr anspricht? Aber wie soll man es dann verstehen, wenn *Der Spiegel* (Nr. 29/1989, Seite 114) zu diesem Thema sagt: „Die Weltpolitik tritt in ein neues Zeitalter: nach der sozialen Frage und den Kämpfen um die politische Vormacht erhält jetzt der Kampf gegen den ökologischen Kollaps des Planeten die höchste Priorität... Spitzenpolitiker auf allen Kontinenten sehen sich nun mit völlig neuen Fragen konfrontiert: (Radikal geänderte) nationale und militärische Sicherheitsdoktrinen... neue Völkerwanderungen... Umweltkriege... Sind die Widerstände der Industrie und der Bevölkerung mit demokratischen Mitteln zu überwinden, oder etablieren sich womöglich Öko-Diktaturen?"

Zum „Schutz der Ozonschicht" entsteht im Augenblick ein Netz supranationaler Kontrollmechanismen. Ist dieses Netz erst einmal zusammengeknüpft, wird es dazu dienen, auch Produktionseinschränkungen und -verbote anderer Stoffe durchzusetzen. Und einen Stoff gibt es, der auf absehbare Zeit als „Joker“ bei der Kontrolle jeder Form industrieller Produktion dienen kann, weil er direkt oder indirekt bei allen Industrieprozessen erzeugt werden muß: Kohlendioxyd. Damit wären wir beim „Treibhauseffekt“.

2. Kapitel

Treibhauspolitik

Seit Jahrtausenden haben totalitäre Systeme versucht, die Masse der Bevölkerung mit Angst und Schrecken zu manipulieren und gefügig zu machen. Hilflos stand der schwache Mensch den gigantischen Naturgewalten gegenüber. Nur einige wenige Auserwählte und besonders Begnadete konnten anscheinend diese Naturmacht freundlich stimmen. Sie waren es, die bestimmten, welche Opfer die Masse der Bevölkerung zu bringen hatte. Im Altertum wurden die zürnenden Götter nur durch Opfer und absoluten Gehorsam gegenüber der oligarchischen Priesterkaste versöhnlich gestimmt. Wer glaubt, die Zeit der Naturgötter und der Götzen sei lange vorbei, der irrt sich sehr.

Heute erleben wir den Aufstieg eines neuen „Götzen“: Es ist der Mutter-Erde-Götze „Gäa“; sein profaner Name ist „Umwelt“; sein Altar heißt „Umweltschutz“, worauf innerhalb weniger Jahre mehr Menschen geopfert wurden als den grausamen Götzen der Inkas. Eingehüllt in den Talar wissenschaftlicher Unantastbarkeit missioniert eine Priesterkaste weltweit für diesen Mutter-Erde-Gott. Ihre Lieblingspredigt trägt den Titel: „Treibhauseffekt“.

Fragen wir diese Priester der Wissenschaft nach den Gefahren des Treibhauseffekts, lautet die Antwort: „In der Atmosphäre läuft ein alarmierender Prozeß ab. Jährlich schicken Industrieanlagen etwa 6 Milliarden Tonnen Kohlendioxyd in die Luft. Wenn dieses so weitergeht... wird die Oberflächentemperatur der Erde beträchtlich steigen. Dieser Anstieg wird nach Berechnungen von Geologen und Geographen schwerwiegende Konsequenzen haben: Das

Eis der Antarktis, Grönlands und der Arktis wird schmelzen. Als Folge wird der Meeresspiegel mehr als 60 Meter ansteigen. Die Landfläche der Erde wird dadurch um 10 Prozent verringert. Die Niederungen West- und Zentraleuropas sowie die dichtbesiedelten Küstenregionen Chinas und Indiens werden untergehen. Skandinavien wird eine Insel werden... Das Abschmelzen der Gletscher wird unweigerlich die Neigung der Erdachse verändern und die Umlaufgeschwindigkeit der Erde beeinflussen. Geologen sagen für diesen Fall verstärkte Bergbildung voraus, was unweigerlich zu Erdbeben und Vulkanausbrüchen führen wird." Ein Bild des Weltuntergangs, wie es mittelalterliche Flagellanten nicht drastischer hätten malen können! Das Zitat stammt aus dem 1974 erschienenen Buch *Evolution der Biosphäre* des sowjetischen Wissenschaftlers M.M. Kamschilow.

Allein durch ihr Vorgehen beweisen die Propagandisten des „Treibhauseffekts", daß es ihnen nur darum geht, Angst zu verbreiten. Ihre Vorgehensweise gleicht der Gehirnwäschemethode von Sektenführern. Zuerst wird „wissenschaftlich" bewiesen, der Weltuntergang stehe unmittelbar bevor. Die „Betroffenen" können nur von dieser Zukunft erlöst werden, wenn sie ihre Wertvorstellungen aufgeben und ihr gewohntes Leben drastisch ändern. Immer ist „Askese" der einzige Ausweg aus der Katastrophe. Kommen Zweifel auf, weil sich die Widersprüche und Ungereimtheiten der drastischen Wahrsagungen nicht mehr verheimlichen lassen, dann werden neue „wissenschaftliche" Erkenntnisse aufgetischt. Die sind dann natürlich viel komplizierter und verwirren das betroffene Opfer sehr. Einfach und verständlich bleibt jedoch das Rezept, der Katastrophe möglicherweise zu entgehen: Askese! Kann uns „Betroffene" wirklich nur blinder Gehorsam vor dem Fluch der Hohenpriester bewahren?

Die Propagandisten des Treibhauseffekts gehen heute schon so weit, daß sie keck behaupten, man könne wahrscheinlich niemals einen wissenschaftlichen Beweis für ihre Theorie erbringen, jedenfalls nicht, bevor es zu spät sei. Das sei aber gar nicht schlimm, sagen sie, weil man ohnehin das Richtige tue, wenn man nur recht schnell die von ihnen geforderte Nullwachstumspolitik betreibe. So einfach und so falsch!

Schlimme politische Ziele

Ein Beispiel. Der amerikanische Senator Timothy Wirth behauptete am 13. August 1988 im *National Journal*: „Selbst wenn die Theorie der globalen Erwärmung falsch ist, müssen wir so handeln, als wäre die globale Erwärmung Wirklichkeit. Wir müssen ohnehin Energie sparen und machen deshalb auf alle Fälle die richtige Umwelt- und Wirtschaftspolitik."

Und wie soll das konkret aussehen? Der von der amerikanischen Politikerin Claudine Schneider eingebrachte Gesetzesentwurf fordert ausdrücklich, die Vereinigten Staaten sollten Kredite an Nationen der „Dritten Welt" streichen, wenn diese Nationen damit ihre Industrie aufbauen wollen. Dadurch will sie den „Treibhauseffekt verhindern". Der Entwurf spricht sich auch gegen Wasserkraftwerke aus, weil diese angeblich den Regenwald zerstörten, und schlägt stattdessen vor, diese Länder sollen ihren Energiebedarf mit Brennholz und Äthanol aus Zuckerrohr decken. Die Atmosphäre wird dadurch sicher nicht sauber, doch Rückständigkeit und Unterentwicklung werden durch eine derartige Energiepolitik zementiert.

Auf der Weltkonferenz „The Changing Atmosphere: Implications for Global Security" Ende Juni 1988 in Toronto wurde gefordert, den Energieverbrauch weltweit innerhalb von 15 Jahren um 20 Prozent und innerhalb von 65 Jahren um 50 Prozent zu senken. Die Logik ist klar, denn für die nächsten Jahrzehnte ist Kohlendioxydausstoß und Energieproduktion sowie industrielle Produktion überhaupt eng aneinander gekoppelt. Manche Experten fordern bereits, bis 2050 den Energieverbrauch auf ein Fünftel des heutigen Wertes zu senken, damit der Kohlendioxydgehalt nicht die magische Grenze von 580 ppm überschreitet (ppm sind Millionstel Volumenanteile). In der Zeit vor der „industriellen Revolution" lag der Kohlendioxydgehalt der Luft bei etwa 290 ppm, so wird vermutet. Wenn man diesen Wert verdoppelt, kommt man auf 580 ppm. Eine stichhaltige Begründung, warum gerade dieser Wert als Grenzwert angesetzt werden muß, gibt es nicht.

Verdoppelung oder 580 ppm, das klingt ganz vernünftig, nicht wahr? Doch welche politische Wirklichkeit steckt hinter dieser abstrakten Zahl? Was bedeutet diese drastische Senkung des Energieverbrauchs, wie sie von den Klimaschützern angestrebt wird, in einer Welt, in der heute schon zwei Drittel der Weltbevölkerung ein erbärmliches Leben fristen und selbst in den reichen Vereinigten Staaten über 25 Millionen Menschen unter der Armutsgrenze leben? Jeder, der seine fünf Sinne beisammen hat, muß erkennen, daß die Reduktion des Weltenergieverbrauchs auf ein Fünftel sich nur mit einer Politik durchsetzen läßt, die über Leichen geht. Genau deshalb wird auch immer wieder die sogenannte „Bevölkerungsexplosion" als Ursache der Klimakatastrophe angeführt.

Allein das Wort drückt schon die ganze Menschenverachtung aus: „Bevölkerungsexplosion". Welche Dinge explodieren denn normalerweise, und wie verhält man sich ihnen gegenüber? Kann es in einer Zeit, wo wir alle für die Fragen von Krieg und Frieden so „sensibilisiert" sind, Zufall sein, wenn das Wort sogar in der gemeinsamen Erklärung der *Deutschen Meteorologischen Gesellschaft* und *Deutschen Physikalischen Gesellschaft* vom Juni 1987 als Ursache für den Treibhauseffekt genannt wird? Nein! Die Wissenschaftler, die diese Erklärung unterschrieben haben, kennen ihr kleines Einmaleins gut genug, um sich auszurechnen, daß mit „Geburtenbeschränkung" innerhalb von 15 oder sogar 50 Jahren keine für eine derartige Energieeinschränkung „ausreichende Entschärfung der Bevölkerungsexplosion" erreicht werden kann. Dann sollten sie aber auch offen aussprechen, worum es geht: Praktisch laufen die vorgeschlagenen drastischen Energiesparmaßnahmen auf Massenmord hinaus, und zwar durch Hunger und durch unterlassene Maßnahmen gegen Krankheiten, Seuchen und AIDS, vor allem in Afrika und Lateinamerika.

Die Kontrolle der Klimadebatte

Es gibt Forscher, welche der These der „vom Menschen verursachten Klimakatastrophe" skeptisch gegenüber stehen, sie werden jedoch von den Medien totgeschwiegen und als „wissenschaftliche Außenseiter" diskreditiert. Die Katastrophenapostel hingegen haben freies Feld. So konnte im letzten Jahr James Hansen, ein Wissenschaftler der NASA, vor Senatsausschüssen und in der Presse die These vertreten, daß der warme Sommer mit „99-prozentiger Sicherheit" auf dem Treibhauseffekt beruhe. Zwischenzeitlich ist die Debatte in den Vereinigten Staaten natürlich etwas abgekühlt: Ein extrem kalter Winter ließ die Temperaturen nicht nur in Alaska auf minus 44 Grad Celsius sinken, sondern brachte selbst dem warmen Texas mit Temperaturen unter minus 20 Grad einen Kälterekord. Dummerweise hatten sich die Klimapropheten ausgerechnet darauf versteift, daß der Treibhauseffekt die Winter- und Sommertemperaturen ausgleichen werde, daß also die Winter in Zukunft ganz besonders warm sein müßten. Der letzte Winter war als „Beweis" deshalb ganz unbrauchbar. Ein Trost bleibt, bald wird eine passende Erklärung durch die Medien gehen, aus welcher der Treibhauseffekt gestärkt hervorgeht.

Wir leben nicht mehr im Zeitalter der Inquisition, wissenschaftliche Meinungen lassen sich heute nicht unterdrücken! Wirklich? Sicher, der Scheiterhaufen ist aus der

Mode gekommen, aber es geht auch anders. Zum Beispiel so. Kenneth Watt von der Universität von Kalifornien hatte gerade einem Reporter der großen amerikanischen Fernsehgesellschaft CBS einige der gängigsten Mythen zum Treibhauseffekt erklärt und einen nach dem anderen widerlegt. Der Reporter erhielt prompt einen Telefonanruf vom New Yorker Hauptquartier der CBS, in dem ihm befohlen wurde, das Band mit dem Interview sowie alle anderen Aufnahmen mit Wissenschaftlern, die der offiziellen Linie zum Treibhauseffekt widersprechen, zu vernichten. Ein anderes Beispiel „wissenschaftlicher Selbstkontrolle" zeigt die Diskussion bei einem Workshop in den USA vor drei Jahren. Dort erregte die Auswertung der Daten der 350 prominentesten Wetterstationen große Aufmerksamkeit. Aus ihnen ging hervor, daß das letzte Jahrzehnt das wärmste der Geschichte gewesen sei. Ein auf dem gleichen Workshop vorgelegter Bericht, der auf Grundlage der Daten von 6000 Wetterstationen in den USA zu dem Schluß kommt, diese Dekade habe einen Kälterekord gebracht, paßte nicht ins Bild der Klimakatastrophe und verschwand in der Versenkung.

Zunehmend gibt es zwischen katastrophenhungrigen Medien und erfolgheischenden Forschern ein politisch sehr gefährliches Zusammenspiel. Einer der bekanntesten Vertreter der Treibhausthese, der amerikanische Professor Stephen Schneider, ließ im Oktober 1989 in einem Interview im *Discover Magazine* die Katze aus dem Sack, als er behauptete, Wissenschaftler wie ich „brauchen breite Unterstützung, um die Phantasie der Bevölkerung anzuregen und zu beeinflussen. Das bedeutet natürlich, daß man viel Presse bekommen muß. Wir müssen deshalb Szenarios entwickeln, die Angst machen, drastische Behauptungen aufstellen, vereinfachen und unsere eigenen Zweifel möglichst nicht erwähnen... Jeder von uns muß entscheiden, was das rechte Maß ist zwischen Erfolg und Ehrlichkeit." Welch seltsamen Gegensatz hat Herr Schneider da entdeckt! Ist es in Wirklichkeit nicht so, daß wissenschaftlicher Erfolg allein auf ehrlicher Arbeit und Wahrheitsliebe beruhen kann?

Ein irreführender Begriff

Das Wort „Treibhauseffekt" sollte ein wahrheitsliebender Forscher eigentlich nicht in den Mund nehmen, weil es völlig irreführende Vorstellungen hervorruft, welche das Denken des Zuhörers von der wirklichen Dynamik der Erdatmosphäre hinwegführen. „Treibhauseffekt" (oft wird sogar „Glashauseffekt" gesagt) erweckt nämlich den Eindruck, die Erde säße in ihrer Atmosphäre wie in einem Glaskasten, dessen Scheiben der Mensch mit seiner Industrie immer dreckiger machte. Wer solch primitive Begriffe verwendet und sich nichts dabei denkt, der denkt eben nicht genug!

Es gibt eine sehr akademische Art und Weise, nichts zu denken. Auf diese Weise kann man sich den „Treibhauseffekt" folgendermaßen denken. Aus der mittleren Leistungsdichte der Sonneneinstrahlung auf die Erdoberfläche (von 340 W/m^2), von der die Atmosphäre 70 Prozent (d.h. 238 W/m^2) absorbiert, kann man sich mit dem Stephanschen Gesetz und der Planckschen Strahlungsformel ausrechnen, daß die Erde vom Weltall gesehen eine Temperatur von -18 Grad Celsius hat. An der Erdoberfläche messen wir im globalen Mittel jedoch +15 Grad Celsius, d.h. 33 Grad mehr. Die „Treibhausthese" stellt nun fest, daß die Atmosphäre die ungemütliche Temperatur von -18 Grad Temperatur in eine Höhe von rund acht Kilometern über dem Meeresspiegel verlegt. Die „Treibhausgase" wirken demnach wärmeisolierend, und eine Erhöhung von Kohlendioxyd erhöht den Energiefluß und somit die Temperatur unterhalb der „Glasscheibe". Wenn der Energietransport innerhalb des Klimasystems tatsächlich ausschließlich von Strahlungsvorgängen dominiert würde, wäre diese Überlegung einigermaßen zutreffend.

In Wirklichkeit ist das jedoch eine unerlaubt grobe Vereinfachung. Nur ein Bruchteil des Energietransports beruht auf Strahlungsvorgängen. Viel wichtiger sind Konvektion und der Transport von latenter Wärme, also Verdunstung (Wolkenbildung) und Kondensation (Regen und Schnee). Wie ist es nur möglich, daß fast eine ganze Generation von Klimatologen das Wort „Treibhauseffekt" so gedankenlos im Munde führt und daherredet, als verliefe der Energietransport der Atmosphäre gerade so simpel wie im Glashaus des Gärtners von nebenan?

Mehr Menschen = mehr Kohlendioxyd?

Eine neue Eiszeit bricht herein! Wir verschmutzen die Luft zu sehr mit Aerosolen, welche die Abstrahlung der Atmosphäre erhöhen und sie dadurch abkühlen! So verkündeten es die Klimapropheten in den sechziger Jahren. Dafür gab es auch damals sichere Beweise, und Murray Mitchell stellte die bange Frage: „Wie lange der gegenwärtige klimatische Trend zur Abkühlung andauert, ist eines der wichtigsten Probleme unserer Zivilisation. Sollte er für weitere zwei Jahrzehnte bestehen bleiben, dann könnte selbst ein Eisbrecher wie die ‚Manhattan' nicht einmal mehr daran denken, durch die Nordwestpassage zu fahren." Zwanzig Jahre später gibt es nun angeblich Beweise dafür, daß sich die Atmosphäre aufheizt. Die Temperatur sei im globalen Mittel schon um 0,6 Grad Celsius angestiegen. Dieser Anstieg sei Folge der vom Menschen verursachten Erhöhung der Kohlendioxydkonzentration in der Luft.

In der Tat werden weltweit etwa 5,6 Milliarden Tonnen an Kohlenstoff jährlich zu etwas mehr als 20 Milliarden Tonnen an Kohlendioxyd durch die fossile Energieerzeugung verbrannt. Durch Brandrodung, die riesige Flächen betrifft, kommen noch 20 bis 40 Prozent dazu. Das ergibt etwa 25 Milliarden Tonnen menschlich erzeugten Kohlendioxyds pro Jahr. Gemessen an der Masse der Atmosphäre

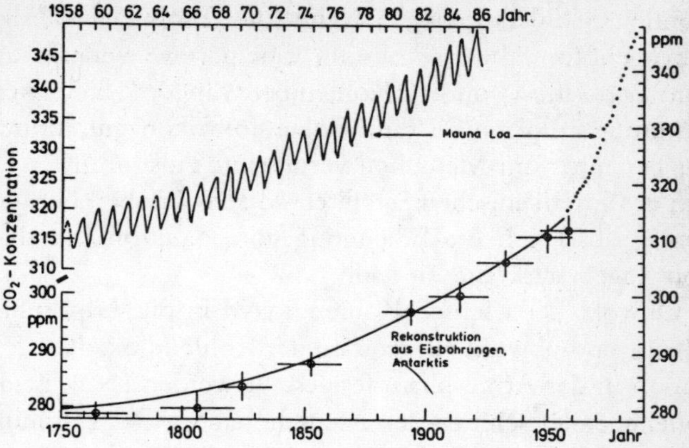

Abbildung 2.1: Die untere Kurve zeigt den atmosphärischen Kohlendioxydgehalt, wie er aus „archäologischen" Funden rekonstruiert wurde. Direkte Messungen des Kohlendioxydgehaltes der Atmosphäre seit 1958 in Hawaii ergaben die obere Kurve. Die jährlichen Schwankungen rühren vom Wachstumszyklus der Pflanzen her.

von 5,27 Millionen Milliarden Tonnen sind die 25 Milliarden Tonnen jedoch weniger als der fünfmillionste Teil — ein sehr, sehr kleiner Anteil.

Seit 1958, also erst seit drei Jahrzehnten, gibt es verläßliche Messungen der Kohlendioxydkonzentration in Mauna Loa auf Hawaii. Sie zeigen einen Anstieg von damals 315 ppm auf heute etwa 350 ppm (Abbildung 2.1). Vergleicht man das mit dem Ausstoß, so müßte der Anstieg etwa doppelt so hoch sein. Die Biosphäre verarbeitet also den vom Menschen freigesetzten Kohlenstoff. Die Erhöhung des Kohlendioxydgehalts wirkt als „Dünger" für den photosynthetischen Wachstumsprozeß. Wahrscheinlich nimmt der Ozean große Mengen Kohlendioxyd aus der Luft auf. Allein das Plankton in der obersten Ozeanschicht, so nimmt man an, verschluckt im Jahr 260 Milliarden Tonnen an Kohlendioxyd. Das sind 65 Prozent der 440 Milliarden Tonnen Kohlendioxyd, welche die Biosphäre jährlich durch Photosynthese aufnimmt. Eine geringe Veränderung der „Population“ dieser „Kohlendioxydfresser“ hätte weitaus größere Folgen für die Kohlendioxydkonzentration als der gesamte vom Menschen verursachte Ausstoß. Messungen des amerikanischen Satelliten *Nimbus*-7 haben übrigens gezeigt, daß sich die Erzeugung von Plankton innerhalb von Tagen stark ändern kann.

Obwohl der Mensch Kohlendioxyd in die Atmosphäre entläßt und obwohl ein Anstieg der Kohlendioxydkonzentration in der Atmosphäre festgestellt werden kann, ist der naheliegende Schluß, der Mensch habe diese Erhöhung „verschuldet“, ganz und gar nicht bewiesen. Es ist gut möglich, daß die Biosphäre den vom Menschen verursachten Ausstoß überkompensieren kann oder daß der gemessene Anstieg andere Ursachen hat und von kleinen Schwankungen im gigantischen „Metabolismus“ der Biosphäre herrührt. Bevor man zu Maßnahmen mit dramatischen Auswirkungen für die Menschen schreitet, sollte man diesen Punkt zumindest klären.

Mehr Kohlendioxyd in der Luft ist von Vorteil

Große Überraschung, jedoch kaum Echo in den Medien, löste der Vortrag aus, den der prominente sowjetische Klimatologe M.I. Budyko Anfang November 1988 auf der Konferenz über Klimaentwicklung in Hamburg hielt. Er wies darauf hin, daß es sich bei dem erhöhten Kohlendioxydgehalt möglicherweise um einen günstigen Einfluß des Menschen auf die Biosphäre handele und fuhr fort: „Insbesondere wäre die Verminderung des fossilen Energieverbrauchs wirtschaftlich nur dann gerechtfertigt, wenn der durch die Senkung des Energieverbrauchs erzielte Profit den gesamten positiven Effekt der globalen Erwärmung übersteigen würde." Budyko ist der Meinung, es gebe eine Temperaturerhöhung durch die Verwendung fossiler Energie. Diese sei jedoch nicht gefährlich, sondern insgesamt sogar von Vorteil!

Dann erklärte Budyko die positiven Effekte eines wärmeren Klimas und höherer Kohlendioxydkonzentration: „Wir können für die zu erwartenden Temperaturerhöhungen folgenden Vergleich anstellen: a) für das Jahr 2000 — das Klimaoptimum des Holozäns (vor 5000-6000 Jahren; +1,3 Grad C); b) für das Jahr 2025 — die letzte Zwischeneiszeit (vor 125 000 Jahren; +2,5 Grad C) und c) für das Jahr 2050 — das Klimaoptimum des Pliozäns (vor 3-4,5 Millionen Jahren; +3-4 Grad C)... Es ist wahrscheinlich, daß diese angedeutete Klimaänderung (zusammen mit der Kohlendioxyderhöhung) Bedingungen schaffen wird, unter denen die moderne Landwirtschaft etwa 50 Prozent mehr produzieren kann als heute (wobei nicht einmal die zukünftige Verbesserung der landwirtschaftlichen Methoden berücksichtigt ist)... Es wäre möglicherweise die beste Entscheidung, die Kohlendioxydkonzentration nicht zu verlangsamen, sondern zu intensivieren... Für Vorschläge, unmittelbar mit großen internationalen Projekten zur Begrenzung des Anwachsens der Kohlendioxydkonzentration zu beginnen, scheint es keine gute Begründung zu geben. Es kann jedoch nicht ausgeschlossen werden, daß in einigen Jahrzehnten die Frage der Klimakontrolle als dringlich erscheinen könnte."

Als Konsequenz schloß Budyko daraus: „Ein Ansatz, die globale Erwärmung zu begrenzen, wurde vorgeschlagen, bereits lange bevor die internationalen Studien über antropogene Klimaveränderungen begonnen wurden... Die Grundidee dieser Methode besteht in der Erhöhung der Aerosolkonzentration in der Stratosphäre, indem Schwefel von Flugzeugen aus in der unteren Stratosphäre verbrannt wird. Man kann feststellen, daß diese Methode unvergleichlich billiger ist als solche, welche eine drastische Verringerung des Verbrauchs an fossilen Energiequellen vorschlagen."

Budyko steht mit seiner Meinung nicht allein. Es gibt seit Jahrzehnten eine Vielzahl von Untersuchungen über die Düngung von Pflanzen mit Kohlendioxyd. Dabei zeigt sich, daß verschiedene Pflanzen sehr unterschiedlich reagieren. Insgesamt ist klar bewiesen, daß eine Erhöhung des Kohlendioxydgehalts der Atmosphäre, insbesondere in Zusammenhang mit einer Temperaturerhöhung, das Pflanzenwachstum fördert. In Treibhäusern wird das bereits technisch angewandt. Besonders wichtig ist die erst kürzlich gewonnene Erkenntnis, daß die Erhöhung des Kohlendioxydgehalts in der Luft auch die Verdunstung vieler Pflanzen senkt. Sie werden dadurch gegen Hitze widerstandsfähiger und können in Gebieten wachsen, die aufgrund der heutigen Klimabedingungen Wüsten sind.

Ist das Klima wärmer geworden?

Das Leben ist voller Überraschungen, und die folgende Feststellung wird einen festgefügten Glaubenssatz aller gläubigen Leser der *Bildzeitung* wie des *Spiegel* gründlich erschüttern. Es läßt sich jedoch beim besten Willen nicht länger verschweigen: Eine meßbare Erhöhung der globalen Temperatur gibt es nicht!

Und was ist bitte schön mit den Zeitreihen, die man zur globalen Temperaturentwicklung so gerne vorzeigt und wie sie z.B. im Zwischenbericht der Enquête-Kommission „Schutz der Erdatmosphäre" des deutschen Bundestages abgedruckt ist (Abbildung 2.2)? Nun, selbst dieser Bericht, der die Gefahren des Treibhauseffekts herausstellen will, muß zugeben: „Wie der Abbildung zu entnehmen ist, stehen dem augenfälligen mittleren Anstieg von 0,6 Grad Celsius häufige kurzzeitige Schwankungen um Werte bis etwa 0,4 Grad gegenüber. Daraus mag man entnehmen, daß der bisher beobachtete Anstieg noch nicht mit letzter Sicherheit erkennbar ist, daß er bei gleichbleibendem Trend innerhalb der nächsten 10 bis 15 Jahre aber zweifelsfrei erkennbar sein wird."

Ansonsten wird zweifelsfrei nichts feststellbar sein. Denn um überhaupt den Anschein eines „augenfälligen mittleren Anstiegs von 0,6 Grad" erzeugen zu können, wurde der Anfang dieser Kurve genau in eine Periode besonders tiefer Temperaturen gelegt, wie sie in der zweiten Hälfte des letzten Jahrhunderts vorherrschten. Betrachtet man hingegen die Temperaturen in Europa seit Beginn des letzten Jahrhunderts (globale Daten gibt es für diese Zeit nicht), so bleibt von der „augenfälligen" Temperaturerhöhung ganz und gar nichts mehr übrig (Abbildung 2.3).

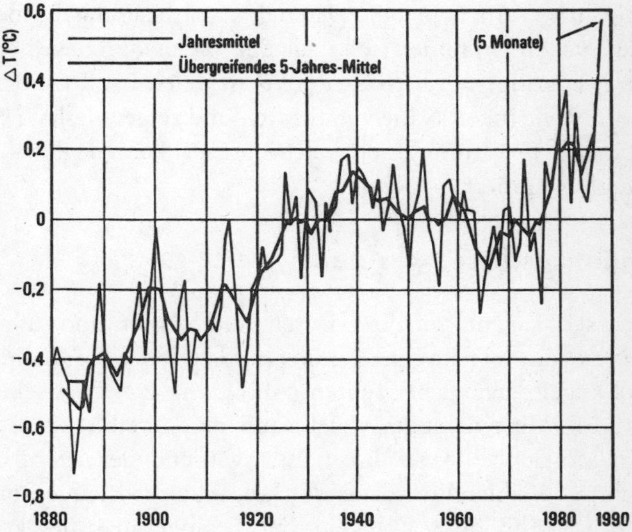

Abbildung 2.2: Mit derartigen Kurven wird üblicherweise versucht, den Anstieg der Temperatur auf dem „Treibhaus" Erde zu belegen.

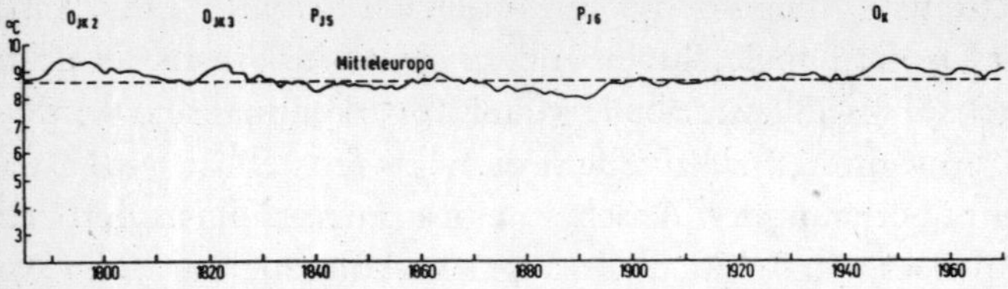

Abbildung 2.3: Läßt man die Kurve nicht ausgerechnet im „Pessimum“ des Jahres 1880 beginnen, sondern z.B. Anfang des 19. Jahrhunderts, so ist kein Temperaturanstieg sichtbar. Diese Kurve zeigt das übergreifende Zehnjahresmittel der Lufttemperatur, regional gemittelt für Mitteleuropa.

Davon abgesehen ist die weltweite Datenbasis für die Temperatur viel schlechter als allgemein angenommen wird. Verläßliche Daten gibt es erst seit vierzig Jahren. Insbesondere für die südliche Hemisphäre und die Ozeane sieht es schlecht aus. Aber auch die Daten der Nordhalbkugel haben ihre Tücken. So finden sich viele der seit langem bestehenden Meßstationen, die früher auf dem freien Land standen, mittlerweile in der Nähe von Städten und zeigen deshalb eine lokale Erwärmung an, welche gerade keinen globalen Trend signalisiert.

Treibhausthese, was nun?

Aber selbst wenn wir diese Daten gelten lassen und insbesondere die geglätteten Temperaturdaten der nördlichen Halbkugel genauer betrachten (Abbildung 2.4), was sehen wir? Eine Entwicklung, welche mit der „Treibhausthese“ nicht einfach zu vereinbaren ist. Während der „verursachende“ Kohlendioxydausstoß kontinuierlich zugenommen hat (Abbildung 2.1), zeigt der Temperaturanstieg keinen einheitlichen Trend. Im Zeitraum von 1885 bis 1940 ist ein Anstieg von 0,7 Grad Celsius zu sehen, danach ein Temperaturrückgang von minus 0,3 Grad bei 1970 und anschließend wieder ein Anstieg (Abbildung 2.4). Es ist nicht ganz einsichtig, warum gerade auf der Nordhalbkugel der massive zusätzliche Ausstoß von Kohlendioxyd aus Kohlekraftwerken in den Jahren 1940 bis 1970 mit einem Sinken der Temperatur „belohnt" wurde.

Mit einigen Klimmzügen kann man versuchen, die Treibhausthese zu retten. Dabei kommt dann folgendes heraus. Der erste Temperaturanstieg bis 1940 wird der Erzeugung von Treibhausgasen durch Bodenbewirtschaftung in die Schuhe geschoben, während der jüngste Anstieg der Industrie angelastet wird. Damit der relativ große Temperatureffekt durch den geringen Ausstoß der Bodennutzung und der daran gemessen kleine Effekt des viel größeren industriellen Kohlendioxydausstoßes in Einklang gebracht werden können, muß die Existenz eines großen Verzöge-

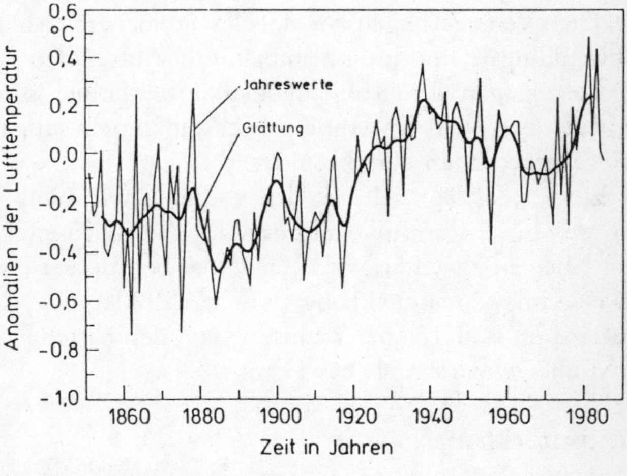

Abbildung 2.4: Der wechselhafte Trend der Temperatur auf der Nordhalbkugel läßt sich mit dem postulierten Wettereingriff des Menschen, der ja kontinuierlich angestiegen sein soll, nicht leicht in Einklang bringen.

rungsspeichers angenommen werden. Da kommt natürlich der riesige Ozean recht. Nur schade, daß dessen wetterrelevante oberste Schicht nur mit wenigen Monaten Verzögerung auf Temperaturschwankungen der Atmosphäre reagiert, und nicht erst nach Jahrzehnten und Jahrhunderten, wie es zur Rettung der Treibhausthese erforderlich wäre.

Um den „erwärmenden“ Effekt von Kohlendioxyd in der Atmosphäre zu behaupten, werden auch gerne Daten des Eisbohrkerns von Wostock herbeizitiert. Wenn überhaupt etwas, dann zeigen diese Messungen bestenfalls eine „Korrelation“ zwischen Kohlendioxydgehalt der Luft und Temperatur. Eine Korrelation beweist natürlich nicht, ob und welcher Ursache-Wirkung-Zusammenhang besteht. Die aus den Eisbohrungen gewonnenen Daten können deshalb keinesfalls erdgeschichtlich „beweisen“, daß die Erhöhung der Kohlendioxydkonzentration schon früher die Ursache für erhöhte Temperaturen war. Wahrscheinlich war es nämlich umgekehrt. Die Temperaturschwankungen wurden durch Veränderungen der globalen Sonneneinstrahlung (Schwankungen der Erdumlaufbahn) hervorgerufen und die Änderungen der Kohlendioxydkonzentration ist ein Resultat der von den Temperaturschwankungen ausgelösten Veränderungen der Biosphäre.

Fazit: Erstens läßt sich mit den vorhandenen Temperaturdaten eine Erwärmung aufgrund des „Treibhauseffekts“ nicht belegen. Zweitens wird gerade der behauptete Ursache-Wirkung-Zusammenhang zwischen Kohlendioxydgehalt der Luft und Temperaturanstieg von den bestehenden Daten eher widerlegt als bewiesen.

Computerklima

Nun gibt es nur noch eines, was die These vom Treibhauseffekt retten kann: der Computer! Ohne die Elektronengehirne riesiger Supercomputer wären wir heute aufgeschmissen. Mit Computern kann man fast alles machen.

Und der *Club von Rom* hat Anfang der siebziger Jahre eindrucksvoll bewiesen, wie man mit Computermodellen beliebig falsche Thesen wirkungsvoll unters Volk bringen kann. Und so ist es nicht verwunderlich: Der eigentliche Beweis für den Treibhauseffekt kommt aus dem Computer. Eine Vielzahl von Klimamodellen haben es geschafft. Auf der Grundlage nicht vorhandener Daten haben sie in einem so komplexen Gebiet, wie es das Klima der Erde ist, den Beweis für die Treibhausthese erbracht. Das war nicht billig. Es handelt sich bei den Modellen immerhin „um die kompliziertesten wissenschaftlichen Computersimulationen, die es gibt".

Elektronengehirne sind entsetzlich dumm. Wer an den Mythos vom Computer, der angeblich „anti-intuitive" Ergebnisse „nichtlinearer Systeme" findet, glaubt, der ist leichte Beute politischer Manipulation. Wie dürftig klingt das Nullwachstumsdogma, wenn man es in einfachen Worten ausspricht: Auf Dauer futtert der Mensch alles auf, was da ist, oder er erstickt im eigenen Dreck. Wie überzeugend und wissenschaftlich klingt es jedoch in den *Grenzen des Wachstums* von Meadows und Forrester, nachdem es durch einen Computer geleiert wurde. Dabei wurde doch in diesem Computermodell lediglich eine positive Rückkopplung zwischen Nahrung, Bevölkerung und Abfall programmiert und diese dann von den vielen Freiheitsgraden der Entwicklung in der realen Welt abgekoppelt. Und dann: „Go". Der Computer läuft, und es ist nur noch eine Frage der Rechenzeit, bis das so programmierte Rückkopplungssystem aus allen Nähten platzt. Die computergläubige Menge staunt. Siehe da, der Computer hat wieder eine „Grenze des Wachstums" gefunden. Die heutigen Klimamodelle sind sehr komplexe und raffinierte Urenkel dieses plumpen Weltmodells des *Club von Rom* und schleppen als „genetischen" Defekt die durch „positive Rückkopplung" mißverstandenen „nichtlinearen" Prozesse mit sich herum.

Obwohl die Klimamodelle so kompliziert sind, daß sie

nur auf den größten und teuersten Rechnern laufen können, lassen sie immer noch die einfachsten klimatischen Erscheinungen durchs Daten-„Netz" fallen. Die Wolken sind so ein Fall! Wolken sind jedoch ganz wichtig für den „Treibhauseffekt". Das sieht man leicht, denn von den 33 Grad „Treibhauserwärmung" in der Atmosphäre gehen 20,6 aufs Konto von Wasserdampf, für 7,2 Grad ist Kohlendioxyd verantwortlich, für 2,4 Grad das bodennahe Ozon und für die restlichen 2,8 Grad Methan, Lachgas und alle anderen „Treibhausgase". Kleinste Veränderungen der Wolkenbedeckung können deshalb den Kohlendioxydanteil mehr als ausgleichen, und auch die Wolkenart und ihre vertikale Verteilung beeinflussen den Strahlungshaushalt der Atmosphäre unterschiedlich. Vor allem jedoch transportieren Wolken beträchtliche Energiemengen durch ihre Kondensation und Verdampfung.

Diese Schwierigkeiten mit einfachsten Elementen des Klimas gleichen die Klimamodelle durch eine Fähigkeit aus, die ihre Betreiber sehr schätzen. Mit diesen Modellen kann man nämlich den Treibhauseffekt durch eine Reihe „positiver Rückkopplungen" mit Verdunstung, parameterisierter Wolkenbildung, Absorptionsverhältnissen etc. rechnerisch mehr als dreifach verstärken. Und für den Fall einer magischen Verdoppelung des Kohlendioxydgehalts schafft man damit im Computer sogar Temperaturerhöhungen von einigen Grad Celsius. Das sind Werte, die zur Begründung politischer Austeritätsmaßnahmen ausreichen.

Wie die Klimamodelle übertreiben

Wer wissen möchte, wie man es im einzelnen mit Klimamodellen schafft, übertrieben hohe Temperatursteigerungen auszurechnen, der wird sich für die folgende Beschreibung des Klimatologen Hugh W. Ellsaesser vom Lawrence-Livermore-Laboratorium interessieren. Er erklärte in einem im Januar 1988 veröffentlichten Aufsatz, wie in den Klimamodellen ein Treibhauseffekt zustandekommt, den es im wirklichen Klima gar nicht gibt:

„Man betrachte, daß die Klimamodelle für die Verdopplung von Kohlendioxyd *per se* eine globale Erwärmung von 1,2 Grad Celsius (29 Prozent) ergeben, während die errechnete Änderung der Wasserdampfmenge und ihrer Verteilung zu zusätzlichen 2,75 Grad (66 Prozent), und die Veränderung des vertikalen Temperaturgradienten, des Albedo, der Bewölkung usw. zu 0,21 Grad (5 Prozent) Erwärmung führen... Die Klimamodelle sagen voraus, daß die Erwärmung von Kohlendioxyd zur Erhöhung der Oberflächentemperatur führt. Da warme Luft mehr Wasserdampf aufnimmt, sagen sie eine schnellere Verdunstung und die Beschleunigung des hydrologischen Kreislaufs voraus, was dann wiederum zu höheren Niederschlägen und zur weiteren Erhöhung der Wasserdampfmengen in der Atmosphäre führen soll, d.h. zu einer Verstärkung der Treibhausdecke aufgrund von Wasserdampf, welche den Treibhauseffekt durch die Kohlendioxyderhöhung um das 3,2-fache verstärkt...

Aber über den Tropen, welche (von 30 Grad nördlicher bis 30 Grad südlicher Breite) etwa die Hälfte der Erdoberfläche ausmachen, bedeutet die Beschleunigung des hydrologischen Kreislaufs auch verstärkte und höher aufsteigende Konvektionssäulen... Jede Erhöhung des Wasserdampfgehalts wird in diesem Teil der Atmosphäre auf den kleinen Teil der aufsteigenden Konvektionssäulen beschränkt, während der überwältigende Teil der Tropen eine trockenere und dünnere Troposphäre erhält... Daher kann man für die Hälfte des Globus, welche tatsächlich die wärmste und feuchteste ist, erwarten, daß die Rückkopplung durch Wasserdampf eher negativ als positiv ist. Es scheint auf jeden Fall sehr unwahrscheinlich, daß der erwartete Verstärkungsfaktor um mehr als das Dreifache des Kohlendioxydeffekts eintreten wird.“

Menschliches Klima

In den Computer kann man beliebig viel hineinprogrammieren, in die Wirklichkeit nicht. In Wirklichkeit sind gerade Austeritätspolitik und Nullwachstumspolitik die größten Gefahren für das Klima. Der tropische Regenwald wird zerstört, weil den Entwicklungsländern moderne Energietechnik vorenthalten wurde und wird. Austeritätspolitik hat immer zu Raubbau geführt. Aus der Geschichte sind auch lokale Klimaänderungen durch solchen Raubbau bekannt. Das letzte Beispiel war die „dust bowl" in den Vereinigten Staaten in der Zeit zwischen 1930 und 1940. Damals führte die Wirtschaftskrise dazu, daß zahlreiche Landwirte große, extensiv genutzte Flächen Ackerlands aufgeben mußten, genau wie es seit fünf Jahren in den Vereinigten Staaten wieder geschieht. Die „dust bowl" war eine Folge falscher Wirtschaftspolitik. Es ist gar nicht erstaunlich, daß sich diese wirtschaftsbedingte Veränderung der Landoberfläche in den Klimadaten dieser Zeit niederschlägt, und möglicherweise war der warme und niederschlagsarme Sommer 1988 die Folge der gleichen falschen Wirtschaftspolitik.

Aber der Mensch kann das Klima auch positiv beeinflussen. Wäre zum Beispiel das seit Jahrzehnten geplante Projekt verwirklicht worden, mit dem große Wassermassen aus dem Norden der Vereinigten Staaten in die trockenen Weizenanbaugebiete des Südens gebracht werden sollen, so bestünde nicht die Gefahr, daß wir in den neunziger Jahren wieder eine „dust bowl" erleben. Dies ist ein Beispiel dafür, wie menschliche Entwicklung das Klima positiv gestalten kann, wenn auch vorerst nur in lokalem Maßstab.

3. Kapitel

Dicke Luft

Am 9. Dezember 1952 war der Nebel in London endlich nicht mehr ganz so dicht wie die Tage vorher. Leise und unaufhaltsam hatte er sich am 5. Dezember in die Stadt an der Themse hineingefressen: der „Smog". Smog, das ist eine der im anglo-amerikanischen Sprachraum so beliebten Wortzusammenziehungen aus „smoke", d.h. Rauch, und „fog", d.h. Nebel. Beides zusammen ergibt die schier undurchdringliche „Suppe", wie wir sie aus Kriminalfilmen und den gefährlichen Londoner Nächten kennen. In diesen Tagen war der Smog so dicht, daß sogar die geplante Ballettvorstellung im berühmten Opernhaus Covent Garden abgesagt werden mußte; man konnte im damals noch unbeheizten Haus vom ersten Rang aus die Bühne nicht mehr sehen. Und von der Isle of Dog, nahe des Flusses Thames, wurde berichtet, daß Fußgänger auf den Straßen ihre eigenen Füße nicht mehr sehen konnten.

Was in diesen Tagen zwischen dem 5. und 9. Dezember 1952 geschah, sollte Konsequenzen haben, die mehr als vier Jahrzehnte nachwirken sollten. In London stieg in diesen Tagen die Todesrate plötzlich an. Es wurden 4000 Tote mehr als in der entsprechenden Woche des Vorjahres gezählt, und niemand wußte die Ursache zu sagen. Zwei Jahre später wurde dann der Täter präsentiert. Nicht Sherlock Holmes und sein Gehilfe Watson, sondern E.T. Wilkins zog ihn aus dem Dunkel hervor: Es war der „Killer Smog". In einem Bericht an das Gesundheitsministerium wurde die Anzahl der Todesfälle pro Woche für den Großraum London mit den entsprechenden Wochen des Vorjahres verglichen. Im Winter 1952/53 lag die Zahl um 12 000 höher. Im Zeitraum vom 23. Dezember 1952 bis zum 7. Februar 1953 traten 8000 Sterbefälle mehr auf, welche man jedoch mit einer Grippeepidemie erklären konnte. Grund für das kurze Maximum Anfang Dezember 1952 von 4000 zusätzlichen Sterbefällen war angeblich der „Killer Smog". Diese Schlußfolgerung zog man — obwohl in dieser „kritischen Zeit" die Werte für filtrierbare Staubteilchen in der Luft und für Schwefeldioxyd um ein Vielfaches unter dem lagen, was selbst bei Langzeitexposition als völlig ungefährlich galt — nur aufgrund des zeitlichen Zusammenfallens beider Ereignisse.

Ein Paradefall

Diese Geschichte ist in zweierlei Hinsicht von Bedeutung. Erstens werden bis zum heutigen Tag die Behauptungen, wonach Schwefeldioxyd bzw. Rauch- und Staubteilchen in der Luft krank machen, mit diesem Paradebeispiel der Luftverschmutzung begründet. Zweitens ist diese Begebenheit ein typisches Beispiel dafür, wie leichtfertig in der Umweltdebatte aus dem zeitlichen Zusammentreffen zweier Ereignisse oder aus statistischen Korrelationen ein kausaler Zusammenhang von Ursache und Wirkung konstruiert wird, den es in Wirklichkeit gar nicht gibt.

Bei genauerem Hinsehen ergibt sich nämlich eine plausible Erklärung für die kurzfristige Erhöhung der Todesfälle, die ganz ohne den „Killer Smog" auskommt. Seit langer Zeit weiß man nämlich, daß Grippeepidemien meistens ein kurzzeitiger, aber deutlicher Anstieg der Sterberate vorausgeht. Außerdem war bereits damals bekannt, daß die Sterberate bei kaltem Wetter höher liegt. Beides traf in dieser Woche vom 5. bis 9. Dezember 1952 zusammen. Eine Untersuchung der Todesursachen dieses Zeitraums ergab, daß es sich zu über 80 Prozent um ältere Menschen handelte, deren Beschwerden genau zu den Folgen einer heftigen

Grippe paßten. Dagegen konnten keinerlei Anzeichen für neue klinische oder pathologische Syndrome gefunden werden. Der „Killer Smog" hat also keinerlei Spuren hinterlassen, welche auf seine Täterschaft hindeuten.

Der Mehrzahl der gesunden Menschen machte der „Killer Smog" gar nichts aus. Und bis heute gibt es kein Anzeichen, daß die Stoffe, welche damals in der Luft festgestellt wurden oder von denen man annimmt, daß sie in erhöhter Konzentration vorhanden waren, die Gesundheit so beeinträchtigen können, daß damit ein schlagartiger Anstieg der Todesfälle erklärt werden könnte.

Als Täter vor Gericht gestellt, müssen wir den „Killer Smog" freisprechen. Er hat nicht nur keine Spuren hinterlassen, er hat auch ein einwandfreies Führungszeugnis vorzuweisen. In all den Jahren zuvor, als die Luft in London sogar noch stärker verunreinigt war, hat er sich nichts derartiges zu schulden kommen lassen. In der Tat sind die filtrierbaren Staubteilchen in der Luft, welche seit Anfang der zwanziger Jahre im Kew Observatorium nahe London gemessen werden, in dem halben Jahrhundert von 1920 bis 1970 von über 300 Mikrogramm pro Kubikmeter Luft auf etwa 50 Mikrogramm pro Kubikmeter gesunken. Wenn er wirklich so gefährlich wäre, dann hätte der „Killer Smog" in den zwanziger Jahren und den dreißiger Jahren unübersehbar wüten müssen.

Falsche Standards

Man könnte diesen Paradefall des „Killer Smogs" als Kuriosität belächeln. Aber er ist kein Sonderfall, immer wieder werden auf ähnliche Weise unsinnige Umweltbestimmungen gerechtfertigt. Niemand wird vernünftige Bestimmungen anzweifeln, die dafür sorgen, daß wir möglichst wenigen gesundheitsschädlichen Stoffen ausgesetzt sind. Aber darum geht es schon lange nicht mehr. Heute habe wir eine wachsende Umweltbürokratie, die ihre Existenzberechtigung mit immer neuen Vorschriften und Sicherheits-,,Standards" künstlich erzeugt. ,,Gut", könnte man sagen, ,,lieber zuviel Umweltschutz als zu wenig!" Aber so einfach ist es nicht. Erstens kostet Umweltschutz Geld, und zweitens führen diese Art von ,,Sicherheitsmaßnahmen" oft dazu, daß wir in Wirklichkeit ungesünder leben.

Ein typisches Beispiel ist das Verbot von DDT, welches durch nachweislich giftigere und teurere Substanzen ersetzt werden mußte. Ergebnis der angeblichen Gesundheitspolitik: Vergiftungen bei Landarbeitern durch Ersatzprodukte und ein sprunghafter Anstieg von Malariaerkrankungen in den Ländern, die sich die teureren Ersatzprodukte nicht leisten konnten.

Was sollen Standards, die zum Beispiel dazu führen, daß heute noch das notorische Molkepulver in Güterzügen bewacht wird, obwohl es um Größenordnungen weniger radioaktiv strahlt als normaler Dünger, den wir völlig gefahrlos auf die Felder streuen können? Oder der berühmte Sand auf öffentlichen Spielplätzen: Niemand wird seine Kinder größere Mengen Sand aus dem Sandkasten essen lassen, allein deshalb, weil Katzen und Hunde dort bisweilen ihr Geschäft erledigen. Nun muß man sich fragen, wieso aus ,,Strahlenschutzgründen" nach dem Unfall in Tschernobyl der Sand auf deutschen Spielplätzen ausgetauscht wurde, obwohl die lieben Kinder mehr als ihr eigenes Körpergewicht von diesem Sand hätten aufessen müssen, bevor sie dadurch eine gefährliche Strahlenmenge aufgenommen hätten? Das hatte sicher nichts mit vernünftiger Gesundheitvorsorge zu tun. Da wurde nur Angst geschürt. Oder die Krebsgefahr! Große Sorge herrscht über all die vielen ,,krebserregenden" Stoffe, die wir ,,durch die Industrieabgase zwangsläufig mit der verschmutzten Luft aufnehmen". Alles Unsinn! In unserem alltäglichen Essen nehmen wir durch Braten oder Rösten von Nahrungsmitteln viele hundert Mal mehr ,,krebserregende" Stoffe auf, als wir selbst bei sehr stark verschmutzter Luft einatmen würden. In welchem Falle „krebserregende" Stoffe jedoch tatsächlich Krebs erregen, hängt bekanntlich von der Dosis ab.

Der schwierige Weg zur Null

Eine Dosis von 100 Aspirintabletten ist gesundheitsschädlich; bereits 20 bis 80 Tabletten wirken nämlich tödlich. Gegen die Einnahme von einer Aspirintablette wird niemand etwas einwenden. Es wurde ja sogar festgestellt, daß Aspirintabletten in geringen Dosen langfristig gut gegen Herzinfarkt sind. Wenn jemand Zeter und Mordio schreit, um vor den Gefahren der Dosis einer Hundertstel-Aspirintablette zu warnen, weil das mindestens der zehntausendste Teil einer nachgewiesenermaßen gefährlichen Dosis sei, würde man sicher den Nervenarzt rufen. Bei einer zusätzlichen Strahlenbelastung von 5 Millirem, das ist der zehntausendste Teil der Dosis, ab der Gesundheitsschäden nachweisbar sind, werden jedoch alle Hebel der „Gesundheitsvorsorge" in Bewegung gesetzt, und die meisten Leute finden das ganz normal.

Wo liegt das Problem? Zweifelsohne sind hohe Dosen gewisser Chemikalien und radioaktiver Substanzen in der Umwelt gesundheitsgefährdend. Solange die Dosen so hoch sind, daß die Wirkung innerhalb eines überschaubaren Zeitabschnitts direkt nachweisbar ist, lassen sich genaue Angaben machen. Sobald die Dosis jedoch so gering wird, daß eine direkte Wirkung nicht mehr feststellbar ist, muß man eine Vermutung anstellen, um diesen Bereich der Ungewißheit zu überbrücken. Meistens geht man folgendermaßen vor. Erstens markiert man die geringste Dosis, bei der noch Schäden feststellbar sind. Zweitens stellt man die naheliegende Vermutung auf, von nichts kommt nichts, daß also kein Schaden auftritt, wenn man gar nichts von dem betreffenden Stoff zusätzlich aufnimmt. Auf diese Weise hat man den Nullpunkt als zweiten Punkt markiert. Drittens stellt man meistens die gar nicht so naheliegende

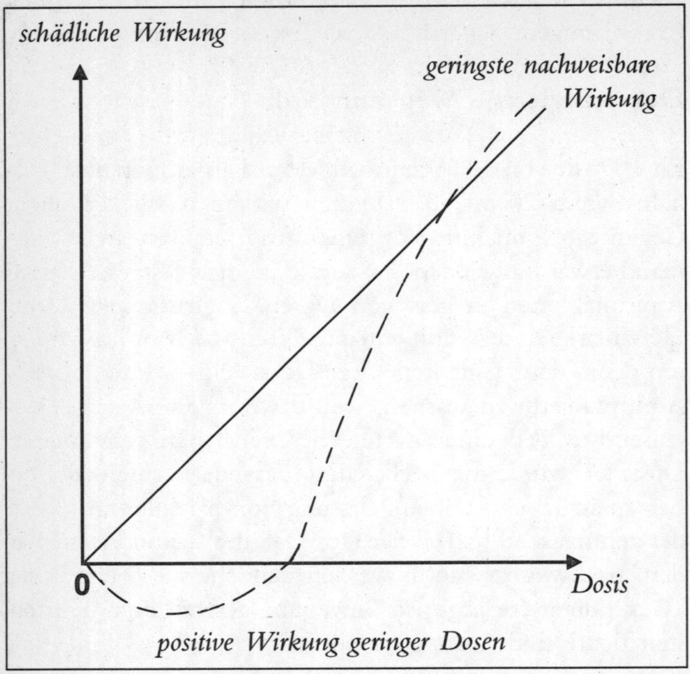

Abbildung 3.1 *Wie wirken geringe Strahlendosen wirklich?*

zweite Vermutung an, daß bei kleinen Dosen zwischen diesem Nullpunkt und dem Punkt der geringsten direkt nachweisbaren Wirkung der Schaden linear mit der Dosis zunimmt (Abbildung 3.1).

Wenn vor dem „Risiko“ bzw. der „Wirkung“ verschiedener „Umweltgifte“ gewarnt wird, dann sind das statistische Schätzungen, welche auf der Grundlage solcher Vermutungen gemacht werden, und keineswegs bewiesene Tatsachen. Ein Beispiel: der Verzehr eines einzigen, auf Holzkohle gegrillten Steaks bedeutet ein Krebsrisiko von 1:100 Millionen. Das heißt natürlich nicht, daß irgendwann einmal ein Versuch gemacht wurde, in dem 100 Millionen Steaks verzehrt wurden und dann eine Person an Krebs erkrankte. Die Zahl basiert auf Schätzungen auf Grundlage der beiden genannten Vermutungen über die Wirkung geringer Dosen. Es ist eben nicht so wie bei den drei bekannten Jägern im Wald, von denen der erste die Flinte hat, der zweite den Rucksack, und zu raten bleibt, was der dritte hat — Karies natürlich, denn jeder Dritte leidet an Zahnverfall.

Insbesondere die Vermutung, daß die schädliche Wirkung linear mit der Dosis zunimmt, ist wahrscheinlich falsch. Es gibt viele Anzeichen dafür, daß eine geringe Erhöhung der „Belastung" durch Strahlung oder Umweltgifte nicht nur nicht schadet, sondern sogar positive Wirkung auf Organismen hat. Das bedeutet, daß die aufgrund der zweiten Vermutung gezogene gerade Linie in Abbildung 3.1 eigentlich durch die gestrichelt eingezeichnete gebogene Kurve ersetzt werden muß. Auf den ersten Blick ist das eine ungeheuerliche Behauptung, beinhaltet sie doch, daß eine gering erhöhte Strahlenbelastung nicht schädlich, sondern sogar „gesund" sein soll! Aber es gibt Daten, welche diese ungeheuerliche Behauptung stützen. Sie werden uns durch die tragischen Ereignisse Ende des Zweiten Weltkrieges geliefert. Die Abbildung stammt aus der Untersuchung zweier Forscher, die 1982 Zahlen über die Krebssterblichkeit in Hiroshima und Nagasaki veröffentlichten. Über den Zeitraum von 1950 bis 1978 wurden Personen untersucht, die bei den Atombombenabwürfen verstrahlt worden waren und die Todesursachen mit einer Kontrollgruppe, d.h. eine Gruppe unbestrahlter Personen unter gleichen Lebensbedingungen, verglichen. Unverkennbar ist die geringere Sterblichkeit an Leukämie bei Personen, die damals einer geringen zusätzlichen Bestrahlung mit 3,4 rad (das sind nach der heute gebräuchlichen Einheit 34 mGy) ausgesetzt waren.

Reich lebt gesünder

Der amerikanische Forscher T.D. Luckey hat in seinem Buch „Hormesis with ionizing radiation" (1980) eine Vielzahl solcher Beispiel zusammengetragen, und diese Beispiele sind gar nicht so überraschend, wie man zuerst annehmen möchte. Der Mensch hat sich in einer langen Entwicklungsgeschichte immer in einer Umwelt voller gesundheitsschädlicher Stoffe aufgehalten. Wie die anderen Lebewesen hat er sich dieser Umgebung offensichtlich gut angepaßt. Bei der friedlichen Nutzung der Kernenergie oder bezüglich vieler chemischer Substanzen liegen die erlaubten Standards heute deutlich unterhalb der „natürlichen Belastung". Es ist deshalb gar nicht verwunderlich, daß sich Standards selbst mit großem statistischen Aufwand wissenschaftlich nicht eindeutig begründen lassen.

Eines wird von dem heutigen Umweltschutzdenken auf jeden Fall völlig verkannt und sogar verneint, nämlich die einfache Wahrheit: Wem es wirtschaftlich gut geht, der ist gesünder! Gerade deshalb ruiniert die industriefeindliche Politik der Umweltschützer letztendlich die Gesundheit der Bevölkerung. Wer das nicht glaubt, braucht nur die wenigen Zahlen in der Tabelle von Abbildung 3.2 anzuschauen, sie sprechen für sich! In Ländern mit höherem Energieverbrauch pro Kopf der Bevölkerung ist die Lebenserwartung eindeutig höher. Wenn man kein ideologisch verblendeter Umweltschützer ist und sich nüchtern überlegen kann, wofür die Energie im einzelnen verbraucht wird, dann versteht man auch sofort, warum das so ist. Deshalb muß jede Politik zur Luftreinhaltung den Grundsatz beachten: Ohne Industrie sterben die Menschen!

Abbildung 3.2 Lebenserwartung und Wirtschaftsentwicklung

Energieverbrauch (in kg SKE/Jahr)	durchschnittliche Lebenserwartung des Menschen! 1950	1960	1970
10	45	52	56
100	48	53	57
1000	64	66	65
10000	67	71	72

4. Kapitel

Raubbau im Regenwald

Erstaunt und fasziniert berichteten die Entdeckungsreisenden des letzten Jahrhunderts vom unbeschreiblichen Artenreichtum des tropischen Urwaldes. Riesig groß ist er, der tropische Regenwald; riesige, hochaufragende Bäume und riesig seine unvorstellbare Ausdehnung. Etwa 40 Prozent der gesamten Waldfläche der Erde bestehen aus tropischen Regenwäldern verschiedenster Form. Es sind über 17 Millionen Quadratkilometer, eine Fläche fast 70-mal so groß wie die Bundesrepublik.

Heute blicken wir auf den Urwald der tropischen Zonen weniger fasziniert, sondern mit Sorge. Alljährlich zu Beginn der Trockenzeit schwärmen ganze Trupps von Holzfällern, meist arme Landarbeiter im Dienste von Großgrundbesitzern, mit Motorsägen aus. Ganze Waldflächen werden gerodet. Die Bäume werden gefällt, und wenn sie nach zwei Monaten trocken genug sind, angezündet. Brandrodung nennt man das. Allein im letzten Jahr ist weltweit eine Fläche von 114 000 Quadratkilometern Urwald auf diese Weise gerodet worden; das ist fast die halbe Fläche der Bundesrepublik.

Man kann es in jeder Zeitung lesen: Der Regenwald wird zerstört! Nichts Neues, könnte man sagen. Insbesondere in Asien wurde seit Jahrhunderten der Regenwald auf sehr erfolgreiche Weise „zerstört“. Der größte Teil der fruchtbarsten Reisanbaugebiete war früher tropischer Urwald. All die Menschen, die heute vom dort wachsenden Reis leben, werden gegen diese „Zerstörung“ des Regenwaldes ebenso wenig einzuwenden haben wie wir gegen die „Zerstörung“ unseres Urwaldes durch die alten Germanen. Das Problem ist also nicht die Zerstörung des Regenwaldes, sondern der wirtschaftliche Raubbau, der betrieben wird, wenn man die ungeheure Produktivkraft der Biosphäre in den Tropen nach der Rodung der Urwaldes nicht durch Kultivierung und produktive Landwirtschaft erhält.

Aber nicht nur in der Zeitung wird vor der Zerstörung des Regenwaldes gewarnt, auch supranationale Institutionen wie die UNO, der Weltwährungsfonds und die Weltbank erklären besorgt: „Die Zerstörung des Regenwaldes ist ein globales Problem!“ Da ein globales Problem alle betrifft, so geht das Argument weiter, können die einzelnen Länder, die den Regenwald besitzen, nicht einfach schalten und walten, wie ihnen beliebt. Supranationale Institutionen sollen zukünftig Auflagen diktieren können. Derartige Auflagen sind den Regierungen dieser Länder schon von den Austeritätsdiktaten des Weltwährungsfonds bekannt. Deshalb verwahren sie sich, allen voran Brasilien, schärfstens gegen eine derartige Einmischung in ihre Souveränitätsrechte.

Regenwald und Treibhausthese

Die supranationalen Institutionen benutzen als Vorwand, um das Problem zu einem „globalen“ erklären zu können, ein überaus dürftiges Argument. Wieder muß die Treibhausthese für politische Zwecke herhalten. Nach Schätzungen werden durch das Verbrennen der gefällten Bäume 2,6 Milliarden Tonnen Kohlendioxyd freigesetzt. Es können aber auch nur 1,6 Milliarden Tonnen sein oder 0,4 Milliarden Tonnen. Auf jeden Fall scheint es eine ganze Menge zu sein. Und dieses Kohlendioxyd trägt gemäß der Treibhausthese zur globalen Temperaturerhöhung bei. Die Behauptung eines globalen Problems bezieht sich also nicht auf die unbestreitbare Veränderung des lokalen Klimas durch Brandrodung, sondern auf eine angebliche Veränderung des Weltklimas durch die Erhöhung des Kohlendioxydgehalts der Luft.

Betrachten wir die Sache genauer. Die Bäume des tropischen Regenwaldes holen, wie alle anderen Pflanzen auch, Kohlendioxyd aus der Luft. Sie wachsen und lagern dadurch Kohlenstoff in ihren Ästen und Zweigen an, während ein Überschuß an Sauerstoff wieder „ausgeatmet" wird. Bei der Kohlenstoffbilanz muß man deshalb genau beachten, was passiert. In der Erdgeschichte hat der Wald Milliarden Tonnen von Kohlendioxyd im Holz gebunden, welches dann zu Kohle geworden ist. Kohlendioxyd wurde auf diese Weise aus der Atmosphäre entfernt. Auch wenn man sich zum Beispiel die industrielle Nutzung des Waldes in unseren Breiten ansieht, stellt man etwas Ähnliches fest. Man fällt Bäume und benutzt das Holz für den Hausbau, Papiererzeugung, Eisenbahnschwellen oder für andere Güter. In diesen Gütern bleibt genau wie in der Kohle letztendlich Kohlenstoff, der aus dem Kohlendioxyd der Atmosphäre stammt, „gefangen".

Wie ist das nun mit dem Regenwald? Betrachten wir zuerst einmal den unberührten Regenwald, d.h. ohne Brandrodung und den Einfluß des Menschen. Dieser unberührte Regenwald ist ein völlig abgeschlossener Kreislauf. Seine Biomasse bleibt über das ganze Jahr konstant, und alle Stoffe werden schon oberhalb der Erde wieder in ihre chemischen Bestandteile zerlegt. Abgestorbene Blätter und Äste höherer Bäume bleiben auf den niedereren Pflanzen hängen und verrotten dort. Sonnenlicht und selbst das Wasser der tropischen Regengüsse erreichen nur zum geringen Bruchteil den Boden. Das ist auch der Grund dafür, daß sich im Urwald keine Humusschicht bildet. Der unberührte Regenwald entfernt also im Nettoeffekt kein Kohlendioxyd aus der Atmosphäre, denn es gelangt gar kein Kohlenstoff in den Boden.

Erhöht sich der Kohlendioxydgehalt der Luft bei der Brandrodung? Die Frage ist nicht so einfach zu beantworten, wie man meint. Bei der Brandrodung steigt ein Teil des in den Zweigen gebundenen Kohlenstoffs als Kohlendioxyd in die Luft, aber ein großer Teil wird in der Asche zu graphitischem Kohlenstoff verbrannt, der sich fest ins Erdreich einlagert. Von dem frei werdenden Kohlendioxyd wird ein Teil vom Regen sofort wieder heruntergewaschen und gelangt ebenfalls in den Boden. D.h. der Kohlenstoff, der ursprünglich als Kohlendioxyd aus der Atmosphäre entnommen wurde, wird aufgrund der Brandrodung zum großen Teil langfristig im Erdreich gebunden und nicht wieder an die Atmosphäre abgegeben. Ein weiterer Teil des Kohlendioxyds, das bei der Verbrennung des im lebendigen Regenwald gebundenen Kohlenstoffs aufsteigt, wird sofort wieder in die Biosphäre aufgenommen, denn auch in brandgerodeten Gebieten wachsen sofort wieder neue Pflanzen, die Kohlendioxyd einatmen. Nur der restliche dritte Teil des freiwerdenden Kohlendioxyds verbleibt schließlich in der Atmosphäre. Und nur dieser letzte Teil kann daher überhaupt zur Treibhauserwärmung beitragen.

Der Prozeß ist kompliziert, und die Gelehrten streiten sich deshalb immer noch darüber, ob und wieviel die Brandrodung des tropischen Regenwaldes zur „Kohlendioxydproblematik“ tatsächlich beiträgt. Bei der klimatischen Betrachtung muß man nämlich außerdem berücksichtigen, daß die gerodeten Flächen im allgemeinen eine größere Albedo haben als vorher der Wald: D.h. sie strahlen mehr Sonnenenergie sofort wieder ins Weltall ab, ohne daß diese Energie zur „Treibhauserwärmung“ irgendwie beiträgt.

Das alles soll nur zeigen, daß man nicht einfach aus propagandistischen Gründen zwei Dinge (Klimathese und Regenwald) in einen Topf werfen darf. Dies soll keineswegs als Argument dafür mißverstanden werden, nun mit dem Raubbau am Regenwald fortzufahren. Denn eines kann man ganz unabhängig von Treibhausthese und Kohlenstoffbilanz sagen: Raubbau hat sich noch nie gelohnt. Am besten ist es, man betreibt in den tropischen Regionen einen ebenso effektiven Waldbau, wie wir ihn kennen. Damit ist nämlich nicht nur dem Kohlendioxydgehalt der Luft gedient.

Wer zerstört den Regenwald?

Warum wird mit dem tropischen Regenwald Raubbau betrieben? Warum forstet man zum Beispiel in Brasilien nur ein Fünftel der abgeholzten Fläche wieder auf und in Afrika sogar nur ein Dreißigstel? Warum versuchen diese Länder, immer größere Mengen an Holz zu exportieren? Oder warum verhüttet Brasilien Eisenerz mit Holzkohle, anstatt moderne umweltschonende Energietechniken einzusetzen? Aus ökonomischer Dummheit? Gewiß nicht! Die Länder mit tropischem Regenwald wissen, daß dieser eine ihrer wichtigsten Ressourcen ist, die sie hegen und pflegen sollten. Aber die sogenannte Schuldenkrise, an der sie selbst keine Schuld haben, läßt ihnen keine andere Wahl. Brasilien hat doch nicht selbst sein Kernenergieprogramm sabotiert! Es waren genau diejenigen Finanzkreise, welche jetzt Krokodilstränen über den Umgang mit dem brasilianischen Regenwald vergießen und auch noch die Aufgabe von Souveränitätsrechten fordern, damit sie das Land noch besser ihren Interessen unterwerfen können.

Die meisten Politiker und Umweltschutzorganisationen haben sich mit ihren hysterischen Attacken gegen die tropischen Länder zur „Rettung des Regenwaldes" auf die Seite dieser Finanziers geschlagen, welche eigentlich für den Raubbau an Mensch und Natur verantwortlich sind. Deshalb verwundert es auch nicht, wenn als angebliche Ursache für die Zerstörung des Regenwaldes wieder einmal „das enorme Bevölkerungswachstum und der damit unmittelbar verbundene Mehrbedarf an landwirtschaftlich nutzbarer Fläche" (O-Ton Enquête-Kommission des deutschen Bundestages „Schutz der Erdatmosphäre") herbeizitiert wird. Die Mitglieder dieser Enquête-Kommission müssen sich dann natürlich die Frage gefallen lassen, warum sie nicht gegen den „Mehrbedarf an landwirtschaftlicher Fläche" in Brasilien eingeschritten sind, der dadurch entstanden ist, daß man einen Teil der Benzinproduktion auf „Bio-Alkohol" umgestellt hat, und zwar nur, um Devisen zu sparen. Dafür ist das Bevölkerungswachstum ganz und gar nicht verantwortlich.

Die Zukunft des Regenwaldes

In Wirklichkeit kann gerade das Gebiet des tropischen Regenwaldes besonders gut für intensive Landwirtschaft genutzt werden, und zwar in einem Ausmaß, das wir uns in den gemäßigten Zonen gar nicht vorstellen können. Sonnenkraft steht der Landwirtschaft dort als ideale Energiequelle zur Verfügung. Wasser ist in den Tropen auch in ausreichenden Mengen vorhanden. Schwierigkeiten macht jedoch die Qualität der Böden, die meist nicht die für eine erfolgreiche Landwirtschaft notwendigen Pflanzennährstoffe bieten können. Deshalb ist es technologisch sehr aufwendig, den tropischen Regenwald in produktive Kulturlandschaft zu verwandeln. Fast überall, wo dies aufgrund günstiger Bodenbedingungen mit einfacher Technik möglich war, wird die Fläche bereits landwirtschaftlich oder forstwirtschaftlich genutzt.

Wie gesagt, im tropischen Regenwald vollzieht sich ein sehr wirkungsvoll abgestimmter Nährstoffkreislauf, der im Gegensatz zum Wald in gemäßigten Zonen fast ganz oberhalb der Erdoberfläche liegt. In unseren Breiten konnte man sehr einfach Ackerland gewinnen, indem man den Wald rodete, denn über 70 Prozent der Nährstoffe sind hier im Boden gebunden und können nach der Rodung für den Anbau von Nutzpflanzen verbraucht werden. Die Brandrodung in den Tropen ist deshalb so ineffektiv, weil nur wenige Prozent der Nährstoffe im Boden sind und die fast überall vorzufindenden Lehmböden kaum in der Lage sind,

Nährstoffe festzuhalten. Selbst Düngen hilft da wenig, denn der Boden speichert die Düngemittel nur unzureichend. Deshalb ist die Bildung wertvoller Böden in den Tropen viel schwieriger als bei uns und erfordert höheren technischen Aufwand und mehr Investitionen. Anstatt über die Erhaltung des Regenwaldes zu lamentieren, sollte man lieber dafür sorgen, daß dort, wo gerodet wird, diese Investitionen auch wirklich stattfinden. Besser kann man den Regenwald nicht schützen.

Es gibt drei prinzipielle Wege, unter den besonderen Bedingungen des Regenwaldklimas eine moderne und produktive Landwirtschaft zu entwickeln.

1) Man kann eine Landwirtschaft entwickeln, die ohne den Erdboden auskommt. Dazu muß man den Prozeß vom Menschen kontrolliert ablaufen lassen, den der Regenwald selbst in Jahrmillionen seiner Entwicklung herausgefunden hat. Das ist durch sogenannte hydrophobe oder aerophobe Kulturen möglich, welche ihre Nährstoffe aus dem Wasser oder aus der Luft nehmen können. Damit können, ganz unabhängig von der Bodenqualität, Nahrungsmittel erzeugt werden. Man kann sich das wie eine große Hydrokultur in einem Glashaus ohne Glasscheiben vorstellen, was unter den idealen klimatischen Bedingungen am Äquator möglich ist.

2) Man kann das symbiotische Verhältnis technisch ausnutzen, das der tropische Regenwald entwickelt hat, indem man geeignete Pilzkulturen für Kulturpflanzen entwickelt. Genau wie die Bäume des Regenwaldes in Zusammenarbeit mit Pilzen die Nährstoffe nutzbar machen, die ansonsten in den schlechen Böden verloren gingen, so muß es mit biotechnischen Mitteln möglich sein, dieses Zusammenspiel auch auf Nutzpflanzen zu übertragen.

3) Man kann die Böden im Regenwaldgebiet mit einfachen technischen Mitteln so weit verbessern, daß sie für die intensive Landwirtschaft taugen. Zum Beispiel kann man Zeolite ausstreuen. Zeolite sind Mineralien, die aufgrund

ihrer besonderen Kristallstruktur wie feinporige Schwämme für bestimmte Moleküle wirken. Sie können deshalb mit Düngemitteln beladen werden, diese speichern und sie den Nutzpflanzen zum geeigneten Zeitpunkt zuführen. Derartige Techniken werden heute schon in Japan angewandt.

Die Entwicklungsländer in den Tropen sind aber heute in der Zwickmühle, daß sie sich diese Investitionen nicht leisten können, weil im letzten Jahrzehnt im Zuge der Schuldenkrise die Last des bankrotten Weltfinanzsystems auf ihre Schultern abgewälzt wurde. Die Gläubigerbanken und die internationalen Finanzinstitutionen lassen ihnen keine Alternative als den Raubbau am Regenwald. Der Vorschlag der Bundesregierung, diesen Ländern „Schulden zu erlassen", wenn sie die „Rodung eindämmen", ist in dieser Situation nur Augenwischerei. An einer wirklichen Entwicklungspolitik — und das heißt Industrialisierung und moderne High-tech-Landwirtschaft — führt kein Weg vorbei.

5. Kapitel

Der Wald stirbt nicht

„Waldschäden auf der Südseite der Alpen nehmen rapide zu". Unter dieser Überschrift schrieb die *Süddeutsche Zeitung* am 16. Dezember 1987: „Die Schäden durch sauren Regen weiten sich nach einer Studie italienischer Forscher weiter nach Süden aus. Die Fachzeitschrift *Oasis Ambiente* schreibt in ihrer jüngsten Ausgabe, im Aosta-Tal im Nordwesten Italiens seien mittlerweile 52 Prozent der Bäume krank. Noch 1984 habe es in dieser Alpenregion keine Schäden gegeben." Derartige Meldungen über den „sterbenden Wald" häufen sich seit 1982, denn damals wurde das „Waldsterben" entdeckt, und zwar in den Massenmedien.

Meldungen, die hingegen nicht in dieses düstere Bild passen, sind selten zu lesen. So hatte am 1. Dezember 1987, also zwei Wochen vor der alarmierenden Meldung in der *Süddeutschen Zeitung*, das Forstwirtschaftsinspektorat Bozen zu einer Pressekonferenz eingeladen, um ihren Waldschadensbericht 1987 vorzustellen. Der Bericht befaßte sich mit der Situation in der autonomen Provinz Bozen/Südtirol, einer Region östlich des Aosta-Tals auf der „Südseite der Alpen", wo, wie es in der obigen Meldung heißt, die „Schäden rapide zunehmen". Die offizielle Schadenserhebung kommt für die betreffende Region allerdings zu ganz anderen Schlußfolgerungen: 85 Prozent der Bäume sind gesund, 5 Prozent mehr als 1984, wobei die Schadstufe 1 (leicht geschädigt) überwiegt. Nur 0,3 Prozent der Bäume gelten als schwer beschädigt bzw. abgestorben.

Der „saure Regen" konnte als Verursacher nicht ausgemacht werden: „Die Auswertung dieser fünf Jahre", so

Abbildung 5.1: Das Foto ist einer Forstbeschreibung des Dreisesselgebiets (Forstamt Neureichenau) aus dem Jahre 1959 entnommen. Der Bericht bezeichnet den Zustand des Waldes als gut, während das Foto nach heutigen Maßstäben einen „sterbenden Wald" zeigt: Der Baum links im Hintergrund dürfte heute in die Schadstufe 3 oder 4 fallen, die übrigen in die Schadstufe 1 bis 2.

heißt es, „hat auch bei von Natur aus sauren Böden kein häufigeres Auftreten von Schäden bzw. auch keine höhere Intensität erkennen lassen. Die Bodenversauerung scheint also keinen nennenswerten Einfluß auf das Schadbild des Südtiroler Waldes zu haben". Vielmehr habe sich gezeigt, daß die unbekannten Waldschäden am stärksten an trockenen und sehr trockenen Standorten auftreten, so daß sich zwischen Klimaverlauf und Auftreten von Schäden „eindeutige Zusammenhänge" ergäben.

Diese Schadenserhebung steht nicht nur im Gegensatz zu der anfangs zitierten Schreckensmeldung; sie entspricht auch so gar nicht der Auffassung, die hierzulande vom

„Waldsterben" herrscht — dem „unheimlichen Sterben", das wie eine Seuche unsere Wälder existenziell bedrohe und das der Mensch mit seiner „maßlosen Industrialisierung" verursacht habe.

Psychologische Statistik

Vielleicht ist das Beispiel aus dem Gebiet der südlichen Alpen nur eine Ausnahme. Es gibt doch die oft zitierten Waldschadensberichte, aus denen hervorgeht, daß mehr als 50 Prozent unserer Bäume vom „Waldsterben" befallen sind. Und Waldschadenserhebungen liefern doch objektive Statistiken? Derartige Zahlen scheinen denen recht zu geben, die wie der Forstbotaniker Prof. Schütt bereits 1983 riefen, „So stirbt der Wald", und die davon reden, es gehe um das „Sein oder Nichtsein des Waldes". Denn, so wird behauptet, mehr als die Hälfte unserer Wälder seien krank, und diese Erkrankung werde im Laufe der kommenden Jahre zum Tode der befallenen Bäume führen.

Ist diese Statistik tatsächlich so objektiv, wie man anzunehmen geneigt ist? Sind ihre Grundlagen und ihre Schlußfolgerungen so unanfechtbar, wie diejenigen meinen, welche die Gefahr des „Waldsterbens" an die Wand malen? Die Statistik beruht auf der Unterteilung in mehrere Schadensklassen, die von der Schadstufe 0 (gesund) bis zur Schadstufe 4 (sterbender Baum) reichen. Das Ausmaß an Nadel- bzw. Laubverlust dient als wichtigster Indikator: 10 bis 25 Prozent Verlust sind Schadstufe 1, 26 bis 60 Prozent Schadstufe 2 und mehr als 60 Prozent Verlust sind Schadstufe 3 und 4. Anstatt nun pauschal von einem zu 50 oder 60 Prozent erkranktem Bestand zu sprechen, ist es wesentlich aussagekräftiger, sich einmal die Aufteilung auf die Schadensklassen anzuschauen: Über 95 Prozent der „erkrankten" Bäume, so stellt man fest, zählen zu den Schadstufen 1 und 2, und davon entfallen rund 70 Prozent auf die Stufe 1. Die Schadstufen 3 bis 4, die eine starke Schädigung

Abbildung 5.2: Zwanzig Jahre liegen zwischen diesen Aufnahmen einer Gruppe von drei über hundert Jahre alten Fichten bei der Racheldiensthütte im Bayerischen Wald. Das linke Foto aus dem Jahre 1966 zeigt eine starke Kronenverlichtung und erhielte heute mindestens die Schadstufe 3. Das Bild ähnelt frappierend einer Dreiergruppe von Fichten, die auf dem Umschlag von Schütts Buch („So stirbt der Wald") als typisches Beispiel für das Waldsterben abgebildet ist. 1986 (rechts Foto) haben sich die Fichten allerdings deutlich erholt; sie haben neue Wipfel aufgebaut und zeigen eine dichtere Benadelung.

anzeigen, beschränken sich auf nur 1 bis 3 Prozent der gesamten Waldfläche.

Nur wenige Prozent der Bäume weisen also schwere Schäden auf. Bezeichnete man nur diese als „geschädigt", dann könnte man niemanden mit der Gefahr des „Waldsterbens" beunruhigen. Beunruhigend wird das Bild erst, wenn der große Anteil der geringen „Schädigungen" auch als „Erkrankung" gewertet wird und wenn angenommen wird, daß diese geringen Schädigungen nur die erste Stufe einer Krankheit seien, die unaufhaltsam zum Tod der befallenen Bäume führen werde. Beide Behauptungen sind falsch.

Die niederen Schadensstufen entspringen zum größten Teil einer „psychologischen Quelle", nämlich einer geänderten Wahrnehmung der Wirklichkeit: Was heute als kranker Baum niedriger Schadstufe angesehen wird, galt früher als normal bzw. gesund.

Frühere Forstgutachten bezeichnen Bestände als gesund, die nach heutigen Maßstäben als „krank" gelten. Man kann das anhand der Fotos erkennen, welche den Gutachten beigelegt wurden. Kronenschäden (Nadelverluste, Vergilbung), die man heute pauschal als „neuartige Waldschäden" oder sogar als sicheres Zeichen für ein rasches Sterben ansieht, wurden früher „meist als unvermeidliche und daher *normale* Klima- und Altersschäden" aufgefaßt.

Manche Wissenschaftler stellen den Wert der Schadenserhebungen deshalb grundsätzlich in Frage. So bezeichnet Professor Paul Manion, einer der führenden Experten in den Vereinigten Staaten, die jährlichen Schadensberichte in der Bundesrepublik als „ein politisches Werkzeug und keine biologische Erhebung". Er kritisiert, daß die Beurteilung sich nur auf das Ausmaß der Kronenverlichtung stütze und dabei außer acht lasse, daß bei gesunden Bäumen der Belaubungs- bzw. Benadelungsgrad variieren könne. Nadelverluste von 10 bis 20 Prozent liegen innerhalb der Grenzen, die eine normale, gesunde Entwicklung kennzeichneten. Das bedeutet, daß in rund 70 Prozent der Fälle von „Waldschäden", nämlich diejenigen der Schadstufe 1, die Bäume in Wirklichkeit von einer normalen und gesunden Entwicklung „befallen" sind.

Auch die zweite Behauptung des Arguments vom Waldsterben stimmt nicht. Gemäß der heutigen Auffassung vom „Waldsterben" schreitet der Krankheitsverlauf von niedriger Schadstufe rasch zu schwerer Schädigung fort. Der bereits erwähnte Schütt schrieb zum Beispiel 1985, daß bei der Fichte die Zeitspanne vom ersten Auftreten des Syndroms

Abbildung 5.3: Das „Stirb und Werde" eines Bergwaldes veranschaulichen die beiden Fotos der Gindelalm in den Bayerischen Alpen. Die Postkarte oben, aufgenommen um die Jahrhundertwende, zeigt einen über hundert Jahre alten Fichtenbestand, dessen Bäume nach heutigen Maßstäben praktisch alle krank sind. Um 1905/6 wurde der Wald gefällt, und heute wächst hier, wie auf dem unteren, 1986 aufgenommenen Foto zu sehen ist, ein 80- bis 100 jähriger und offensichtlich gesunder Wald. Auch dieser Wald wird in einigen Jahrzehnten dem von 1900 gleichen und „zusammenbrechen", wenn dies nicht durch rechtzeitige Verjüngung verhindert wird. (Fotos: O. Kandler)

bis zum Erreichen des Stadiums, wo der Baum gefällt werden müsse, nur wenige Wochen bis drei Jahre betrage. Und die Kiefer soll das Endstadium der Krankheit sogar innerhalb von drei Jahren erreichen.

Dieser rasche Krankheitsverlauf wird durch die wirkliche Entwicklung widerlegt: In den drei Jahren, die seit Schütts Behauptung verflossen sind, ist der Anteil der schwer geschädigten Bäume klein geblieben und hat sich kaum verändert. Der rasche Übergang von immer mehr Bäumen geringer Schadstufe in das tödliche Endstadium hat nicht stattgefunden. Im Gegenteil: Bäume mit niedrigem Schädigungsgrad erholen sich und werden wieder gesund.

Von einem „allgemeinen Waldsterben" aufgrund „neuartiger Waldschäden" kann also nicht die Rede sein. Ebensogut könnte man von einem „Menschensterben" sprechen, wenn man folgende Annahmen machte: Das Spektrum der Erkältungskrankheiten reiche von der Schadstufe 1 (leichter Schnupfen) bis zur Schadstufe 4 (tödliche Lungenentzündung), und jeder Mensch mit Schnupfen müsse notwendigerweise das Endstadium erreichen. Legt man dann den hohen Prozentsatz von Menschen zugrunde, die im Winter unter Erkältungen leiden, dann fällt es mit diesen Annahmen nicht schwer, das baldige Ende der Menschheit vorauszusagen. Das soll nun nicht heißen, daß Wald und Bäume völlig in Ordnung seien. Waldschäden, die lokal auch sehr umfangreich und den Zusammenbruch ganzer Bestände umfassen können, existieren zweifellos. Nur — dafür, daß der gesamte Wald im Sterben liege, wie es die gegenwärtige Statistik nahelegt, daß man, wie Schütt schreibt, „in Mitteleuropa ernsthaft um den Bestand des Waldes als ökologisches System fürchten" müsse, gibt es keinerlei Belege.

Der Wald wächst

Wachstum und Sterben schließen sich offensichtlich aus. Das „Waldsterben", so wird man deshalb annehmen, müsse sich darin zeigen, daß die „sterbenden" Bäume nicht so gut wachsen wie die gesunden. Nun hat sich aber herausgestellt, daß das genaue Gegenteil der Fall ist: In den vergangenen Jahren ist im deutschen Wald auf breiter Basis ein Zuwachs gemessen worden, und zwar sowohl bei bestimmten Baumkategorien als auch beim Hektarertrag. Der Zuwachs in den achtziger Jahren lag sogar über dem der siebziger und sechziger Jahre. So heißt es in einem Bericht von Prof. Abetz, Inhaber des Lehrstuhls für Waldwachstum an der Universität Freiburg: „Hinweise auf emmissionsbedingte Zuwachsrückgänge lassen sich aus den bisherigen Untersuchungen nicht erkennen. Vielmehr spricht das hohe Zuwachsniveau vor allem der Fichte in den letzten Jahrzehnten für verbesserte Wachstumsbedingungen."

Wieso kann man davon sprechen, daß der Wald im Sterben liege oder allgemein geschädigt sei, wenn er stärker wächst? Ja mehr noch: Es gibt keinen vernünftigen Zusammenhang zwischen der Schadstufe und dem Zuwachs. Nur bei der Schadstufe 4 (absterbender Baum) ist der Zuwachs geringer, bei den Schadstufen 1 und 2 aber, die 98 Prozent aller geschädigten Bäume umfassen, und in vielen Fällen sogar bei Schadstufe 3 ist der Zuwachs gleich oder besser als bei den Kontrollbäumen mit Schadstufe 0. Das gilt für Fichten wie für Buchen: Kronenzustand und Benadelungsgrad, die als Indikatoren des „Waldsterbens" gelten, und Zuwachs gehen in keiner Weise parallel.

Das unterstreicht, wie ungenügend die Schadenserhebungen anhand des Kronenzustands sind, denn was gemeinhin als „Schaden" (Blatt- bzw. Nadelverlust) katalogisiert wird, kann sehr wohl von Nutzen sein. Denn zwischen der Produktivität einer Fläche und der Laubbedeckung besteht ein Zusammenhang, für den allgemein der Blattindex — das Verhältnis von Blattfläche zu Grundfläche — gilt. Die Produktivität ist optimal bei einem Blattindex von 3 bis 4. Ist der Index höher, dann wird die Beschattung der einzelnen Blätter zu stark, so daß diese nichts mehr produzieren und zu Mitessern werden. Bei heutigen Fichtenwäldern liegt der Blattindex bei 11 bis 20, also weit über dem optimalen Wert. Diese überzähligen Nadeln lassen sich als Pufferkapazität ansehen, mit der die Bäume Schäden durch Eisanhang, Sturm oder Insektenfraß abfangen können, aber ansonsten sind sie eigentlich überflüssig. Der Baum kann auf sie verzichten.

Damit ist natürlich nicht geklärt, warum ein Baum oder ein Baumbestand zu bestimmten Zeiten einen Teil seiner Nadeln verliert. Aber eines ist klar: Man kann nicht einfach von „Waldsterben" sprechen und als wichtigsten Indikator den Nadelverlust angeben, wenn dieser im allgemeinen das Wachstum eher fördert.

Waldsterben — Ein „neues" Phänomen?

Bis 1982, als die Diskussion um das Waldsterben mit Vehemenz entbrannte, hat die breite Öffentlichkeit sich mit dem Zustand des Waldes kaum befaßt. Anlaß dazu hat es auch nicht gegeben, denn der normale Spaziergänger wird, wie es auch heute noch der Fall ist, zumeist einen Wald gesehen haben, der ihm gesund erschien und an dem nichts Außergewöhnliches auffiel. Als das „Waldsterben" dann den Blätter- und Medienwald zu füllen begann, gewann die Öffentlichkeit deshalb den Eindruck, als handele es sich hier um ein grundlegend neues, noch nie dagewesenes Ereignis: Über Jahrhunderte sei der Wald unerschütterlich und kraftvoll gewachsen, plötzlich aber drohe diesem Sinnbild von Wachstum und Naturkraft der rasche Tod.

Ist dieses Phänomen wirklich so neu und einzigartig? Nein! Der Wald verändert sich fortwährend, und Krankheiten und starke Schädigungen — bis hin zum Sterben ganzer Arten in größeren Regionen — sind die Regel, nicht die Ausnahme. Das hat aber nie dazu geführt, daß „der Wald" gestorben wäre, und dies wird er auch in Zukunft nicht tun. Sogar der vom Menschen unberührte „Urwald" veränderte sich. Nach der letzten Eiszeit wuchsen hier vorwiegend Birken. Der Eichenmischwald ist die Umgebung des Menschen in der jüngeren Steinzeit bis hin zur Bronzezeit. Fichten, Tannen und Buchen, die heute unsere Wälder beherrschen, waren damals kaum vorhanden und drangen erst vor, als sich in der Bronzezeit das Landklima zum Seeklima wandelte. Nun herrschte die Buche vor; sie erlebte 700-500 v.Chr. eine besonders starke Verbreitung.

Dann wurden die Eingriffe des Menschen immer stärker. Er rodete den Wald, um Ackerland zu gewinnen. Vor allem die Karolinger, und unter ihnen besonders Karl der Große, leiteten eine große Rodeperiode in der Zeitspanne vom 7. bis 14. Jahrhundert ein. Zur Zeit der Karolinger war Deutschland noch zu zwei Dritteln mit Urwald bedeckt, doch schon in der Zeit zwischen 1250 und 1300 gab es die ersten Klagen und Warnungen wegen einer drohenden Holznot, und im Mittelalter nahm der Wald nur noch 20 Prozent der Fläche Deutschlands ein. Erst mit der Industrialisierung begann im 19. Jahrhundert der planmäßige Wiederaufbau der Wälder, die heute wieder ein Drittel unseres Landes einnehmen. Das Schwergewicht wurde zunächst auf den Nadelwald gelegt, der die größten Erträge brachte, doch Anfang dieses Jahrhunderts erzwangen großflächige Sturmschäden und Insektenkatastrophen eine erneute Umstrukturierung in Richtung Mischwald.

Erscheinungen, wie sie heute dem „Waldsterben" zugerechnet werden, sind aus der Vergangenheit bekannt. In Industrie- und Ballungsgebieten, wie etwa dem Ruhrgebiet, führten Rauchschäden durch Industrie und Haushalte schon frühzeitig zum Verschwinden der Nadelbäume. Die Fichte, die zuvor vom Menschen eingeführt worden war, starb und wurde durch die Buche und andere, weniger empfindliche Bäume ersetzt. Dieselbe Entwicklung geschieht heute im Erzgebirge. Dort ist der Wald stark durch Schwefeldioxyd geschädigt und dient als typisches Beispiel für das „Waldsterben".

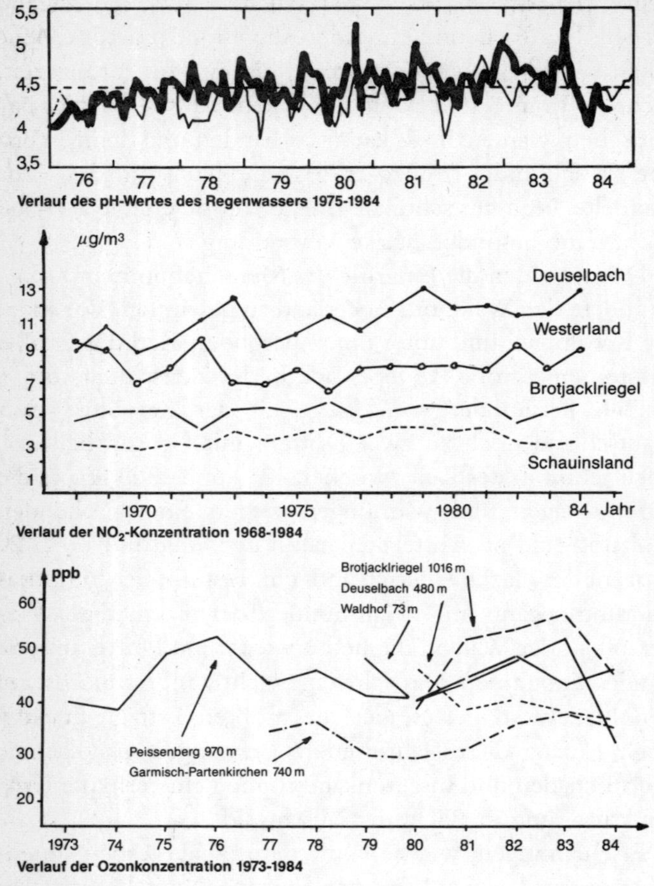

Abbildung 5.4: Die drei Grafiken zeigen, welche Schadstoffkonzentrationen in den vergangenen Jahren an verschiedenen Dauermeßständen der Bundesrepublik gemessen wurden. Alle Kurven pendeln mehr oder weniger um einen Mittelwert; eine signifikante Zunahme ist nicht zu verzeichnen.

Doch auch aus bis heute ungeklärten Ursachen starb die Fichte in manchen Gebieten aus, und zwar in Gegenden ohne Industrie- und Ballungsgebiete. So sind aus den zwanziger Jahren Berichte über einen 40prozentigen jährlichen

Zuwachsverlust der Fichten in den Wäldern Sachsens bekannt oder über ein großflächiges Fichtensterben, das Anfang der dreißiger Jahre in Ostpreußen auftrat.

Man lese zum Beispiel auch folgenden Bericht: wenn man zu den darin vorkommenden Jahreszahlen 175 Jahre hinzuzählt, liest er sich wie eine Beschreibung der „neuen" Phänomäne des modernen Waldsterbens: „Die alten Forstkommissare haben durch Stammanalysen festgestellt, daß nach dem 90. Jahr kein nennenswerter Zuwachs mehr angelegt wurde. Da fingen die Buchen an, ‚giebeldürr, rotkernig, weißfaul' zu werden und mit Riesenschritten ihrer Verwesung, in vollem Gang ihrem Ende entgegenzueilen. Schon 1810 war nicht nur allein ‚bei weitem der größte Teil des schlagbaren Buchenvorrats im Rückgang begriffen, sondern es ging auch das Jüngere vor der Zeit, da manch solches, welches noch nicht viel über die Hälfte seiner Reifezeit erlangt hatte, wieder seinem Ende zu.' Ein guter Teil der noch jungen Buchen war damals gipfeldürr, bis zur Hälfte mit Moos überzogen, an den Ästen mit Flechten überhangen. Aber nicht nur, daß alte und junge Buchen siech wurden, auch die Verjüngung wollte nicht mehr gelingen, berichtete die Hofoldinger Taxation 1810."

Oftmals wird als ein Grund dafür, daß es sich beim „Waldsterben" um ein neuartiges Phänomen handele, angeführt, daß jetzt nicht nur einzelne Arten, sondern verschiedene Arten gleichzeitig erkrankten. Doch auch dies ist nicht neu, wie die folgende eindringliche Beschreibung von Hiß (Forstamt St. Blasien) aus dem Jahre 1922 belegt: „In der ‚Rotrütte' ... habe ich schon seit 15 Jahren ein *Tannensterben* beobachten können... Ich muß beifügen,. daß in der Rotrütte an den einzelnen eingesprengten Buchen die gleichen Krankheitserscheinungen auftreten wie an der Tanne. Auch die Buchen sind gipfeldürr geworden, zum Teil schon abgestorben und als Dürrholz verschwunden. Wir haben hier somit nicht nur ein Tannen-, sondern auch ein Buchensterben. Eine etwas mehr als oberflächliche Untersuchung der Bestände wird dazu noch ein Fichtensterben feststellen müssen... Der Rückgang im Wuchs ist durch ortweise kräftig durchgeführte Durchforstungen nicht aufgehalten worden. Er hat schließlich zu einem Tiefstand der Wuchsleistung geführt, die einen krankhaften Waldzustand kennzeichnet. Das ‚Waldwesen' kümmert. Seine Lebenskraft hat mehr und mehr nachgelassen und die untere Grenze erreicht, wo das Sterben der Bäume beginnt..."

Derartige Berichte und Beschreibungen dokumentieren sehr schön, daß die großflächige Schädigung von Beständen und Arten bis hin zum tatsächlichen Absterben großer Teile und ganzer Arten schon immer Teil der Geschichte des Waldes war. Hieraus lassen sich zwei wichtige Lehren ziehen: Erstens ist das „neue" Phänomen „Waldsterben" offensichtlich doch nicht so neu, und zweitens ist es kein „allgemeines Sterben", wie es die heutige Diskussion nahelegt.

Saurer Regen

Kaum war das „Waldsterben" entdeckt, stand auch schon die Ursache fest — die Abgase der Autos, der Kraftwerke und Industriebetriebe. „Erst stirbt der Wald, dann der Mensch" und alles ist die Folge der modernen Technologie. So einfach ist das. Ist es das wirklich?

Eines läßt sich nämlich mit Sicherheit sagen: Es gibt keine einzige Ursache, keinen Alleinschuldigen, für die Waldschäden. Es gibt vielmehr verschiedene Typen von Schäden und Krankheiten, für die unterschiedliche Ursachen bekannt sind oder teilweise noch gefunden werden müssen.

Viele Baumschäden haben natürliche Ursachen. Dazu gehören Boden- und Klimabedingungen, Infektionen, die auf Pilze, Bakterien oder Viren zurückgehen, Insektenfraß und vieles mehr. Zu den vom Menschen ausgelösten Faktoren gehören die schädlichen Auswirkungen von Monokulturanpflanzungen ebenso wie Wildschäden und natürlich auch die Auswirkungen von Schadstoffen.

Von all diesen Faktoren werden nun immer wieder die Schadstoffe hervorgehoben. Jeder kennt die Illustriertenbilder, etwa aus dem Erzgebirge, auf denen Förster mit sorgenvoller Miene umgestürzte Bäume betrachten. Im Hintergund ist kein einziger gesunder Baum zu sehen, nur nackte Baumstümpfe und eine Reihe von Fichten, an denen sich nicht eine Nadel mehr befindet, mit dürren Ästen, abgebrochenen Kronen und abgeblätterter Rinde. Kein Zweifel, der Wald stirbt! So wie diese „Waldruine" werden bald alle Wälder aussehen, wenn die Schadstoffemissionen nicht drastisch gesenkt werden, steht dabei. Diese lokal auftretenden Schäden sind in der Tat meist auf Schadstoffe zurückzuführen. Mit einem allgemeinen und „neuen Waldsterben" haben sie nichts zu tun. Es handelt sich bei derartigen Bildern um Schwefeldioxydschäden: Stichwort „saurer Regen". Im Falle des Fichtel- oder Erzgebirges rührt der saure Regen von den Abgasen tschechischer Braunkohlekraftwerke her. Derartige Schwefeldioxydschäden sind seit langem bekannt. Schwefelige Abgase haben vor Jahrzehnten, wie bereits geschildert, Industrie-und Ballungsgebiete vollkommen „entfichtet".

Die Schadensschwelle für Fichten wird auf rund 50 μg an Schwefeldioxyd pro Kubikmeter angesetzt. Im Nordosten Bayerns, wo diese Schwefeldioxydschäden auftreten, liegt die mittlere Konzentration mit 70 bis 80 $\mu g/m^3$ deutlich über diesem Schwellenwert. In den Reinluftgebieten der Alpen, des Bayerischen Waldes oder des Schwarzwaldes, die in der Waldschadensstatistik streckenweise als zu 50 Prozent und mehr geschädigt ausgewiesen werden, liegt die mittlere Konzentration mit Werten von 10 $\mu g/m^3$ allerdings weit unter diesem Wert. Dies belegen auch sogenannte *Bioindikatoren*, bestimmte Flechtenarten, die sehr empfindlich auf Schwefeldioxyd reagieren. Manche sterben schon bei rund 15 $\mu g/m^3$, und selbst diese sind in den genannten Gebieten weitverbreitet. Die simple Gleichung „Abgase = Waldsterben" geht also nicht auf. Was immer in diesen Gebieten

Waldschäden verursachen mag — das Schwefeldioxyd ist es ganz gewiß nicht.

Und die vielen anderen Schadstoffe?

Was ist nun mit den übrigen Schadstoffen wie Ozon oder den Stickoxyden, an denen angeblich der Wald ebenfalls stirbt? Bisher hat keine systematische Untersuchung verifiziert, daß diese Stoffe für das „Waldsterben" verantwortlich sind. Was der Öffentlichkeit als Tatsache angeboten wird, ist bestenfalls eine Hypothese — eine Hypothese, die zudem recht fragwürdig ist, da sie durch eine Reihe von Gegenbelegen erschüttert wurde.

Wenn etwa die Stickoxyde der Autoabgase als „eine der Hauptursachen für das Waldsterben" gelten, wie kommt es dann, daß der Autofahrer, der an den Rändern der Autobahnen unserer Republik nach den Zeichen dieses „unheimlichen Sterbens" Ausschau hält, in der Regel grüne, offenbar recht gesunde Bäume vorfindet? Wo sonst sollten die Autoabgase am sichtbarsten schädigen, wenn nicht zehn bis zwanzig Meter links und rechts der Straßen, wo sie am konzentriertesten sind?

Der botanische Garten in München liegt an einer der wichtigsten Ausfallstraßen der bayerischen Hauptstadt, auf der pro Tag fast 50 000 Autos fahren. Gegenüber dem Garten befindet sich direkt an der Straße ein kleines Wäldchen, das seit Jahrzehnten untersucht wird. In den letzten vierzig Jahren, in denen der Verkehr auf das heutige Niveau angewachsen ist, ließen sich praktisch keine Wachstumseinbußen und auch keine Abnahme der Benadelung der Fichten feststellen. Die Stickoxyde und andere Schadstoffe in den Autoabgasen sind offenbar nicht für das „Waldsterben" verantwortlich zu machen.

Es gibt eine Reihe von aufschlußreichen Versuchen, die darauf abzielten, als „neuartig" bezeichnete Waldschäden wie die genannte „akute Vergilbung" experimentell nachzuweisen. So wurden ganze Bestände in sechsjährigen Versuchen mit extrem saurem Regen (pH-Wert 2,5) künstlich beregnet, ohne daß dieser Schaden auftrat. Ähnliche Ergebnisse fand man bei der experimentellen Begasung von Fichten und Kiefern mit einer Kombination von saurem Nebel und hohen Ozonkonzentrationen (100 ppb): Zwar traten Nadelvergilbungen auf, doch entsprachen diese keineswegs dem Schadensbild der „akuten Vergilbung".

Welche Schlußfolgerungen lassen sich nun hieraus ziehen? Offensichtlich ist die Behauptung, der Mensch bewirke mit seiner Luftverschmutzung den Tod der Wälder, schierer Humbug! Man könnte höchstens sagen, die Einwirkung von Schadstoffen ist nur *eine* unter anderen Hypothesen, die zur Untersuchung von Baumkrankheiten und Baumschäden, deren Ursache und Verlauf noch unbekannt oder nur teilweise bekannt sind, herangezogen werden sollte. Die bisherigen Untersuchungen zeigen jedoch, daß diese Schadstoffe keine oder nur eine unbedeutende Rolle spielen. Schlicht falsch sind deshalb Äußerungen wie die des Staatssekretärs im Bonner Landwirtschaftsministerium Georg Gallus, der laut einer AP-Meldung am 14. August 1987 sagte, bereits seit 1984 sei eindeutig erwiesen, daß Abgase von Autos und Schadstoffemissionen vor allem von Kraftwerken für das Baumsterben verantwortlich seien.

In die Irre führen auch Ratschläge, wie sie Schütt gab: „Zweifellos besteht der wirksamste Weg zur Bekämpfung des Waldsterbens in einer drastischen Herabsetzung der Emissionen." Das ist nach dem gegenwärtigen Kenntnisstand wissenschaftlich nicht zu verantworten, sondern eine rein politische Meinungsäußerung. Für bestimmte Regionen — etwa in den erwähnten Gebieten, die unter der hohen Schwefeldioxydbelastung der tschechischen Kohlekraftwerke leiden — mag das gelten. Für den größten Teil der deutschen Wälder ist dies ein schlechter Ratschlag, denn die dort zu findenden Schäden und Krankheiten werden sicherlich nicht verschwinden, wenn die ohnehin geringen Emissionen noch weiter gesenkt werden.

Zwei britische Forstwissenschaftler, die 1983 die deutschen Waldschadensgebiete bereisten, kamen zu folgendem Schluß: „Zweifellos enthält die Bereitwilligkeit, mit der viele Förster und einige Waldarbeiter jeden Verfall oder jedes Absterben von Baumarten ohne eine angemessene kritische Untersuchung auf die kombinierte Wirkung von Luftverschmutzung und saurem Regen zurückführen, ein neurotisches Element."

6. Kapitel

Das böse Märchen vom „stummen Frühling"

„Es war einmal eine Stadt im Herzen Amerikas, in der alle Geschöpfe in Harmonie mit ihrer Umwelt zu leben schienen... So war es gewesen, seit vor vielen Jahren die ersten Siedler ihre Häuser bauten, Brunnen gruben und Scheunen errichteten. Dann tauchte überall in der Gegend eine seltsame schleichende Seuche auf, unter ihrem Pesthauch begann sich alles zu verwandeln... Über allem lag der Schatten des Todes... Kein böser Zauber, kein feindlicher Überfall hatte in dieser verwüsteten Welt die Wiedergeburt neuen Lebens im Keim erstickt. Das hatten die Menschen selbst getan. Diese Stadt gibt es in Wirklichkeit nicht, aber..."

So beginnt Rachel Carsons Buch *Der stumme Frühling*. Das Buch erschien 1962 und wurde in den sechziger Jahren zur Bibel der damals entstehenden Umweltschutzbewegung. Es beginnt als harmloses Märchen und endet in einem Albtraum. Das Buch wendet das gesamte Arsenal psychologischer Beeinflussung an, von der Schockmethode bis hin zu subtilen Schuldgefühlen. Viele Menschen fielen auf die Suggestivkraft und die Scheinargumente des Buches herein. Das Verbot von DDT wurde zur ersten „erfolgreichen" Kampagne der Umweltschützer, einer Kampagne, der bis heute Millionen unschuldige Menschen, hilflose Kinder, Mütter und Väter in den armen Nationen der Welt zum Opfer gefallen sind.

Rachel Carsons Buch hatte angeblich das Ziel, ein Verbot des Pflanzenschutzmittels DDT zu erreichen, doch es verfolgte viel weitreichendere Ziele. Das, und die Verlogenheit des Buches kommt schon in der Widmung zum

Ausdruck. Carson widmete ihr Buch Albert Schweitzer, den sie mit der Aussage zitiert: „Der Mensch hat die Fähigkeit vorauszublicken und vorzusorgen verloren. Er wird am Ende die Erde zerstören.“ Albert Schweitzers Bemerkung bezog sich in Wirklichkeit jedoch auf die Gefahren des Atomkriegs und nicht auf DDT oder andere Schutzmittel, die angeblich unsere Umwelt vergiften. Albert Schweitzer sprach sich nämlich ausdrücklich für die Verwendung von DDT aus und sagte: „Wieviel Mühe und Zeitverschwendung verursachen uns diese heimtückischen Insekten... doch ein Hoffnungsschimmer bietet sich uns jetzt in der Verwendung von DDT dar.“

Was ist DDT?

DDT steht abkürzend für die chemische Verbindung **D**ichlor**d**iphenyl**t**richloräthan und gehört zur Familie der chlorierten Kohlenwasserstoffe. Es ist ein Kontakt- oder Berührungsgift, das die äußere Haut der Insekten durchdringt und dann als Nervengift wirkt. Für Säugetiere und Vögel ist DDT in kleineren Dosen ungiftig. DDT wurde erstmals 1939 in der Schweiz zur Rettung der Tomatenernte eingesetzt. Der Schweizer Chemiker Paul Müller erhielt 1948 den Nobelpreis für Medizin, weil er entdeckt hatte, daß DDT auch als Insektenvernichtungsmittel wirkt.

In der Folgezeit wurde DDT nicht nur als Mittel zur Insektenbekämpfung eingesetzt und damit im Kampf gegen Malaria und der Schlafkrankheit, sondern auch in der Landwirtschaft. W.J. Haynes schrieb 1975 in *Toxicology of Pesticides*: „Mit Einführung des DDT wurden bei solchen Nutzpflanzen, bei denen es eingesetzt wurde, beispiellose Ertragssteigerungen erzielt, und die Steigerungen korrelierten mit dem Grad seines Gebrauchs. Nutzpflanzen wie Baumwolle, Erdnüsse und Kartoffeln, bei denen Schutzmittel am meisten angewendet werden, zeigten Zuwächse zwischen

68 und 119 Prozent. Die Produktion von Alfalfa-Keimen stieg sogar um 300-600 Prozent.“

Das DDT-Verbot und seine tödlichen Folgen

Am 15. Juni 1972, zehn Jahre nach Erscheinen des Buches „Der stumme Frühling“ und einer jahrelangen Umweltschutzkampagne, verfügte der damalige Leiter der amerikanischen Umweltschutzbehörde Ruckelshaus das Verbot von DDT. Das amerikanische DDT-Verbot wurde danach von fast allen Staaten der Welt übernommen. Die Bundesrepublik erteilte es schon 1969. Man war sich vollkommen bewußt, daß es sich um ein „politisches Verbot“ handelte. Und selbst Ruckelshaus mußte damals zugeben: „Es gibt keine wissenschaftliche Grundlage für ein Verbot dieser Chemikalie — es ist eine politische Entscheidung.“ Welche Politik, so muß man sich fragen, kann hinter diesem Verbot stehen? Betrachten wir, was geschah, dann werden wir es wissen.

Auf dem asiatischen Subkontinent war es in den fünfziger und sechziger Jahren mit Hilfe von DDT gelungen, die Moskitos in den traditionellen Malariagebieten praktisch auszurotten. 1961 wurden in Pakistan noch 7 Millionen Malariafälle gemeldet. Nach umfangreichem DDT-Einsatz und medizinischen Anstrengungen gelang es, die Krankheit 1967 sogar auf 9500 Fälle zu reduzieren. Was geschah nach dem DDT-Verbot? Die Malariazahlen in Pakistan schnellten sprunghaft nach oben und erreichten bereits 1975 wieder 10 Millionen Fälle.

Vor dem Einsatz von DDT gab es in Indien schätzungsweise 75 Millionen Malariakranke. Nach systematischem Einsatz von DDT hatte man 1961 die Zahl der Fälle auf etwa 50 000 gesenkt und auf niedrigem Niveau stabilisiert. In den drei Jahren zwischen 1961 und 1963 gab es im ganzen Land weniger als 100 000 Fälle von Malaria. Und was geschah nach dem DDT-Verbot? Bereits 1977 hatte die Zahl der Malariafälle in Indien wieder 30 Millionen überschritten, manche Schätzungen sprachen damals sogar von 50 Millionen Fällen.

In Sri Lanka konnte man sich nach dem DDT-Verbot die viel teureren Ersatzprodukte für DDT nicht leisten. Die Folge war, daß die Zahl der Malariafälle von 110 Fällen im Jahr 1961 explosionsartig auf 2,5 Millionen Fälle in den Jahren 1968 und 1969 hochschnellte. In allen anderen Malariaregionen der Tropen und Subtropen geschah genau das gleiche. Die genaue Zahl der Toten, die auf das Konto des DDT-Verbots gehen, kann man nicht abschätzen, aber sie gehen in die Hunderte von Millionen.

Mit gezinkten Karten

Angesichts dieses entsetzlichen Tributs an Menschenleben, welches das DDT-Verbot gekostet hat, muß man sich fragen, welche wissenschaftlichen Tatsachen es damals gab, die einen derartigen Schritt auch nur annähernd hätten rechtfertigen können. Bei genauerem Hinsehen stellt man fest: Es gibt keine wissenschaftlichen Fakten, die ein Verbot von DDT rechtfertigen. In einer Empfehlung an die US-Umweltbehörde bemerkte der U.S. Public Health Service am 9. September 1971, knapp ein Jahr vor dem endgültigen Verbot: „Das bekannte Gesundheitsrisiko, das von DDT ausgeht, ist praktisch gleich null. In diesem Licht betrachtet überwiegt der Nutzen für die Menschheit, der sich aus dem Einsatz von DDT zur Kontrolle der Malaria ergibt, bei weitem selbst jedes potentielle Risiko, wenn man unser gesamtes heutiges Wissen über DDT berücksichtigt.“ Trotzdem wurde ein Jahr später DDT verboten.

Es gab drei Hauptargumente, die für ein Verbot von DDT vorgebracht wurden: Ein erwartetes Massensterben von Vögeln, die Behauptung, DDT werde nie wieder aus der Umwelt verschwinden, und die Behauptung, DDT sei krebserregend. Alle drei Argumente sind unhaltbar.

Dünnwandige Eier

Was ist mit den Vögeln? Insbesondere Vögel, die am oberen Ende der Nahrungskette stehen, so wurde behauptet, würden durch das akkumulierte DDT massenhaft vernichtet. Deshalb der „stumme Frühling", in dem angeblich keine Vögel mehr singen. Daß diese Behauptung jeder Grundlage entbehrte, zeigten allein die Vogelzählungen, die die Audubon Society zwischen 1941 und 1961, d.h in den Jahren des höchsten DDT-Verbrauchs, veröffentlichte. Fast alle Vogelarten zeigten einen Zuwachs, manche hatten sogar sehr stark zugenommen. Daraufhin wurde das Argument abgeändert. Jetzt hieß es, die Vögel würden nicht direkt vergiftet, sondern sie legten so dünnschalige Eier, daß die Jungen nicht überleben könnten.

Carson schrieb: „Vor allem Dr. James DeWitt hat in seinen nun schon klassischen Versuchen (mit Wachteln und Fasanen) eines eindeutig bewiesen: Selbst wenn DDT oder verwandte chemische Verbindungen den Vogeleltern, die ihnen ausgesetzt werden, keinen feststellbaren Schaden zufügen, können sie die Fortpflanzung ungünstig beeinflussen... Zahnwachteln, deren Futter man DDT zugesetzt hatte, blieben die Brutzeit über am Leben und legten sogar eine normale Anzahl befruchteter Eier. Doch nur wenige der Jungen schlüpften aus."

Professor Dr. Gordon Edwards von der San José State University in Kalifornien machte sich daraufhin die Mühe, dieser Behauptung auf den Grund zu gehen, und kam beim Vergleich von Carsons Behauptungen mit dem Originalartikel von DeWitt im *Journal of Agriculture and Food Chemistry*, Jg. 4, Nr. 10, 1956, zu folgendem Ergebnis: „DeWitts Artikel kam jedoch zu einem ganz anderen Schluß (als Carson). Den Wachteln, auf die Carson verweist, wurde in sämtlichem Futter während der Brutzeit 200 ppm DDT zugeführt. Aus DeWitts Tabellen geht hervor, daß diese Vögel 80 Prozent ihrer Eier ausbrüteten, verglichen mit einer

Kontrollgruppe, bei der 83,9 Prozent der Eier ausschlüpften. Das war sicher kein signifikanter Unterschied, und wer könnte die Ansicht teilen, daß eine 80prozentige Schlupfrate nur ‚wenige' Eier seien. Es sollte angemerkt werden, daß die Menschen damals etwa 0,03 ppm DDT in der Nahrung aufnahmen, so daß DeWitts Wachtelfutter 6000-mal mehr DDT enthielt als unsere Nahrung. Da Wachteln im Verhältnis zu ihrem Körpergewicht weitaus mehr Nahrung aufnehmen als Menschen, produzierten DeWitts Wachteln in der Tat gute Eischalen, während sie 20 000-mal mehr DDT pro Kilogramm Körpergewicht aufnahmen als Menschen.“

Carsons frecher Betrug wird aus folgender Bemerkung von Professor Dr. Gordon Edwards klar: „Nebenbei, DeWitts Fasane wurden von Rachel Carson nicht einmal erwähnt, zeigt doch seine Tabelle, daß die ‚Kontrollfasane' nur 57 Prozent ihrer Eier ausbrüteten, während bei jenen, die ein ganzes Jahr lang 50 ppm DDT in ihrer täglichen Nahrung aufnahmen, mehr als 80 Prozent der Eier ausschlüpften. Die Überlebensrate der Küken war bei den DDT-gefütterten Vögeln ebenfalls erheblich besser (100%) als bei der Kontrollgruppe (94,8%). Kein Wunder, daß Carson diese Zahlen nicht zu erwähnen wagte, die auf der gleichen Seite wie die Wachteldaten stehen, die sie so deutlich hervorhebt! Sie wollte ihren Lesern weismachen, daß es keine Wachteln oder Fasane mehr geben werde, wenn Spuren von DDT in ihre Nahrung gelangte, und das, obwohl sämtliche wissenschaftlichen Daten diese These widerlegten.“

Bei anderen Experimenten, welche die Gefährlichkeit von DDT beweisen sollten, wurden Vögel unter Bedingungen gehalten, bei denen man von den Tieren gar nichts anderes erwarten konnte, als daß sie Eier mit dünner Schale legten. Den Tieren wurde Licht und Futter entzogen, oder sie wurden so ernährt, daß Kalziummangel auftrat. Die danach auftretenden Mangelerscheinungen wurden dann ausschließlich auf die gleichzeitig verabreichten massiven Dosen DDT geschoben. Bei Experimenten, die den grundlegenden Anforderungen wissenschaftlicher Arbeit genügten, bei denen zum Beispiel die einzige Veränderung darin bestand, daß DDT im Futter anwesend oder abwesend war, stellte man selbst bei hohen Konzentrationen von DDT keinerlei Mängel an den Eischalen fest.

DDT für immer?

Baut sich DDT wirklich nicht ab? Den größten Schrecken verbreitete die Behauptung, DDT baue sich in der Natur praktisch nicht ab und werde sich deshalb in den Organen der Lebewesen zu immer höheren Konzentrationen aufsummieren. Wenn das wahr wäre, dann hätte diese Entwicklung in der Tat auf Dauer verheerende Konsequenzen. Doch auch diese Behauptung entbehrt jeder Grundlage.

Anfang der siebziger Jahre war das sich im Meerwasser anreichernde DDT zum absoluten Schreckgespenst hochstilisiert worden, denn „letztlich werden alle DDT-Verbindungen in die Ozeane gespült werden," wo sie junge Fische töten, und 25 Prozent allen DDTs sei bereits in den Weltmeeren angelangt. Einer der Hauptwortführer dieser Kampagne, Philip Butler, kam aus dem Labor in Gulf Breeze, welches herausgefunden hat, daß 92 Prozent von DDT und dessen Abbauprodukten bereits nach 38 Tagen aus dem Meerwasser verschwunden sind.

Ein weiterer Anti-DDT-Fanatiker, Dr. Woodwell, der 1972 bei den Anhörungen zum DDT-Verbot auftrat, hatte selbst eindeutige Beweise dafür geliefert, daß DDT keineswegs auf ewig in der Natur verbleibt. In einem Aufsatz im Magazin *Science* vom 10. Dezember 1971 hatte er darauf verwiesen, daß damals weltweit bereits 3 Millionen Tonnen DDT ausgebracht worden seien. In den Pflanzen, Tieren, Fischen und Vögeln der Welt seien jedoch nur 6 000 Tonnen DDT feststellbar. Diese Menge sei „weniger als ein

Dreizehntel der DDT-Jahresproduktion Mitte der sechziger Jahre.“ Woodwell folgerte: „Das meiste DDT wurde entweder bis zur Unschädlichkeit abgebaut oder an Stellen abgelagert, wo es nicht frei verfügbar ist.“ Dieser Aufsatz weicht auffällig von den Aussagen ab, die Woodwell später in den Anhörungen vortrug. Als ein Journalist Woodwell danach fragte, warum er den *Science*-Artikel bei dem Hearing überhaupt nicht erwähnt habe, erwiderte Woodwell, die Anwälte der Umweltschutzbehörde hätten ihn aufgefordert, auf diesen Aufsatz nicht einzugehen, „ansonsten wäre meine Aussage nicht zugelassen worden.“

Die Wahrheit ist jedoch: Am längsten bleibt DDT im Erdboden. Es hat dort eine Halbwertszeit von sieben Jahren. In Gemüsen oder Früchten hat es lediglich Halbwertszeiten von Tagen. So zum Beispiel in Salat 2 Tage, in Pfirsichen 10 Tage, in Klee 13 Tage, in Alfalfa 6 Tage und in Zitrusfrüchten 35 Tage.

DDT und Krebs

Erzeugt DDT Krebs? Die Krebshysterie um DDT begann mit dem Verdacht, daß DDT bei Mäusen Lebertumore auslösen könnte. Dieser Verdacht ist jedoch auch schon das einzige, was DDT mit Krebs zu tun hat. Mittlerweile hat sich aufgrund von eingehenden Forschungsarbeiten sogar die Auffassung durchgesetzt, daß DDT unter bestimmten Bedingungen krebshemmend wirkt.

Das besagte Mäuseexperiment wurde 1969 in einem Bericht beschrieben, der damals aus guten Gründen nicht veröffentlicht wurde. Versehentlich waren die Mäuse eine unbekannte Zeit lang mit 300 mg DDT statt mit 100 mg DDT pro kg Körpergewicht gefüttert worden. Erst später wurde bekannt, daß trotz dieser Mengen DDT die Mäuse weniger Tumore entwickelten als eine Kontrollgruppe von Mäusen, die ohne DDT-Zusätze gefüttert wurden. Epidemiologisch hat es nie eine Beziehung zwischen DDT und Krebs beim

Menschen gegeben, obwohl viele Menschen berufsmäßig über lange Zeiten relativ hohen Dosen dieses Stoffs ausgesetzt waren. DDT ist in Amerika inzwischen auch klammheimlich von der Liste krebserregender oder potentiell krebserregender Stoffe gestrichen worden.

Bei Vögeln hat man sogar in Gebieten, in denen besonders hohe Dosen an DDT eingesetzt wurden, eine erhöhte Langlebigkeit und Vermehrungsfähigkeit festgestellt, die auf eine geringe Krebsanfälligkeit zurückgeführt wurde. DDT, so vermutet man, stimuliere in der Leber ein Enzym, mit dem die Tiere mit der Nahrung aufgenommenes Aflatoxin, ein von Pilzen produziertes Karzinogen, entgiften können. Andere Forscher stellten bei Experimenten mit Hunden fest, daß bei den jeweiligen Kontrollgruppen, d.h. bei den Hunden, die keinerlei DDT erhalten hatten, mehr Tumore auftraten als bei Hunden, denen DDT in die Nahrung gemischt worden war. Es ging in diesem Zusammenhang bereits das Wort vom „DDT-mangelernährten Hund“ um.

In der Januarausgabe 1989 des *American Journal of Public Health* sind die Ergebnisse einer zehnjährigen Studie über DDT-Exposition und Krebshäufigkeit beim Menschen veröffentlicht worden. 919 Personen aus Charleston im US-Bundesstaat South Carolina, deren DDT-Blutspiegel im Jahre 1974-75 bestimmt worden war, nahmen an der Studie teil. Todesfälle in dieser Gruppe wurden genau auf die Todesursache hin untersucht. Die Autoren der Studie fassen die Ergebnisse folgendermaßen zusammen: „Es zeigte sich keine Verbindung zwischen einem höheren DDT-Blutspiegel und der allgemeinen Sterblichkeit bzw. der Todesursache Krebs... Die Literatur über DDT und Krebs beim Menschen wurde geprüft, und wir sind zu dem Schluß gekommen, daß die Beweise nicht die Auffassung stützen, DDT sei ein Karzinogen für den Menschen.“

Was sind die politischen Motive?

Es ist kaum bekannt, daß die DDT-Nachfolgesubstanzen alle erheblich giftiger und auch kostspieliger sind. Die Anzahl von Vergiftungsunfällen mit Pestiziden etwa lag in den USA 1985 um 14 Prozent höher als 1973, als DDT noch in Gebrauch war. Darüber hinaus müssen die DDT-Ersatzstoffe häufiger angewendet werden, da sie weit weniger lange wirksam sind als DDT. Für Menschen sind diese Stoffe erheblich schädlicher, so daß insgesamt die Welt nach dem DDT-Verbot weniger sicher ist als vorher.

Für das Verbot von DDT gilt heute genau wie 1972: „Es gibt keine wissenschaftliche Grundlage“, sondern „es ist eine politische Entscheidung“. Aber welche Politik ist es, die hinter diesem Verbot steht? Diese Frage beantworten Bevölkerungsstrategen aus dem US-State Department wie Malcolm Donald, der Ende der siebziger Jahre verkündete: „Mit DDT haben wir den größten Unsinn angerichtet. Malaria, eine der schlimmsten Krankheiten wurde praktisch ausgerottet. Das war falsch. Dadurch haben wir das natürliche Gleichgewicht erschüttert. Zu viele Menschen blieben am Leben. Vielleicht haben wir Glück, und es tritt ein anderer großer Killer auf.“

7. Kapitel

Unser täglich Brot

Franz Laiminger stand mit beiden Beinen fest auf dem Boden, meistens sogar auf seinem eigenen, denn er besaß 53 Hektar Land, und so leicht konnte ihn nichts umwerfen. Aber das heute morgen, das kam völlig überraschend und hätte ihn doch beinahe aus dem Gleichgewicht geworfen. „Vater, ich habe mich entschlossen und niemand braucht versuchen, mich umzustimmen. Ich gehe arbeiten in die Stadt. Eine Stelle habe ich schon. Ich weiß, der Hof, ja, was soll nur daraus werden? Aber mach' dir doch nichts vor! Immer nur von hehren Vorsätzen und Schuldenmachen kann man nicht leben." Punkt. Das war's. Mehr hatte sein Sohn nicht gesagt. Die Arme vor der Brust verschränkt, hatte er mit zusammengepreßten Lippen zugehört, was Franz Laiminger ihm entgegnete. Aber in seinen Augen stand geschrieben: „Das weiß ich doch schon längst, gib dir keine Mühe!" Und dann ging er fort.

Zum ersten Mal in seinem Leben war Laiminger an diesem Tag nicht in der Lage zu arbeiten. Es ging einfach nicht. Ausgerechnet heute, wo am Morgen der wichtige Termin mit den Herren von der Bank war. Doch er ließ Termin Termin sein und stapfte hinaus, das Feld am Hang entlang, zu dem Stückchen Wald, das er noch besaß. Früher, als er noch mehr Zeit hatte, standen hier ein paar Bienenstöcke, die gerade genug Honig für ihn und einige Bekannte lieferten — ein Hobby, das kaum Geld einbrachte. Aber das war mindestens schon 15 Jahre her. Eine schöne Zeit war das damals. Laiminger war ganz allein, der Herbstwind pfiff ihm ins Gesicht und kniff schon recht kalt in die Wangen. „Alles hinwerfen sollte man!" hörte er sich sagen und erschrak. Einfach dahingesagt hatte er so etwas schon öfter, aber heute war es ernst. Nein, diese Stimmung wollte er gar nicht erst aufkommen lassen. Er war Bauer, solange er denken konnte, und Bauer würde er bleiben. „Essen muß jeder!", so hatte er als Kind gedacht und später: „Mehr Menschen brauchen mehr Brot!" Ganz einfach ist das. Ganz einfach, und wie kompliziert ist heute alles geworden?

Mittlerweile war er am oberen Ende seines Landes angekommen, wo der Acker noch einen spitzen Zwickel aus dem Wald herausschnitt. Wie von selbst strich sein Blick über das Feld. Stolz erinnerte er sich, in welch schlechtem Zustand er gerade dieses Stück Land nach der Feldbegradigung übernommen hatte. Viele große Steine waren darin, und alles war versumpft und naß. Jahr für Jahr hatte er es verbessert, hatte Steine geräumt und Drainagen gelegt. „Wenn diese grünen Umweltapostel mit ihren Ackerrandstreifen und Biotopen wüßten, wieviel Arbeit in solch einem schönen Stück Land steckt!" dachte er. Der Anflug von Ärger tat ihm gut, und er stapfte trotzig weiter. Laiminger war einer der Menschen, für die es jedes Jahr im Frühling wieder ein Erlebnis ist, wenn sie die Pflanzen wachsen sehen, die sie selbst gesät und gepflanzt haben. Immer wieder bewegte es ihn aufs neue, wenn sich auf dem scheinbar toten, kahlen Feld neues Leben rührte. Und mit großer Freude dachte er daran, daß er selbst dafür die Grundlage gelegt hatte. Dann spürte er den Hauch der göttlichen Schöpfung, den er nie im Leben missen mochte.

Auch wenn sein Sohn den Hof nicht übernehmen wollte, er selbst würde weitermachen, solange er gesundheitlich dazu in der Lage wäre und die Schulden ihn nicht völlig in die Knie zwängen. Aber was werden würde, das wagte er nicht vorauszudenken. So schnell war alles in den letzten Jahren gegangen. Anfang der achtziger Jahre ging alles noch recht gut. Er war dabei, den Hof auszubauen, stockte seinen Bestand an Milchkühen von 30 auf 45 Stück auf. Die Milchquote war der erste Schlag. Sie kam 1984, und er erhielt natürlich eine Quote, mit der das neue Vieh nicht wirtschaftlich zu halten war. Damals schien der einzige Ausweg: Milchkühe abschaffen, Milchrente und Spezialisierung auf Bullenmast. Damals war er politisch noch sehr naiv. Heute wüßte er, was kommen mußte. Kaum hatte er seine 90 Bullen, da gingen die Fleischpreise in den Keller. Und es dauerte nicht lange, da gingen die Preise für Jungkälber drastisch in die Höhe. Bereits damals zehrte der Hof von der Substanz.

Der Nitrat-Schwindel

Der größte Tiefschlag kam aber zwei Jahre danach mit dem Wasserschutz. Ein Drittel seiner Anbaufläche war von der Ausweitung der Wasserschutzgebiete betroffen. Daß die Bewirtschaftung mithilfe von Dünge- und Pflanzenschutzmitteln von nun an strengen Maßstäben unterlag, war lästig. Daß gerade seine Erzeugung des für die Mast benötigten Futters besonders betroffen war, machte seine wirtschaftliche Lage noch schlimmer. Aber seine Bank setzte allem die Krone auf, als sie bereits ein Vierteljahr vor Inkrafttreten der Trinkwasserverordnung die Berechnungsgrundlage für seine Kredite änderte. Der Wert seines Landes wurde so weit herabgestuft, daß der Hof damals beinahe unter den Hammer gekommen wäre.

Es war eine harte Zeit. Aber etwas Gutes hatte sie auch, denn er erkannte damals zum ersten Mal, daß er sich nicht darauf verlassen konnte, was „die da oben" beschließen, sondern daß er selbst aktiv werden und seine Meinung sagen müsse. Vor allem mußte er sich informieren. Das tat er und merkte sofort, wievielen Kollegen es genauso ging wie ihm. Was die sich in Brüssel alles einfallen ließen, war schon phantastisch. Jetzt will die EG-Kommission fast ein Drittel des Bundesgebietes zum „Wasserschutzgebiet" erklären.

Begründet wird das alles mit dem Nitratproblem. Angeblich vergiften die Bauern das Trinkwasser durch übertriebenen Einsatz von Düngemitteln. „Nitratempfindliche Zonen“ sollen ganz Schleswig-Holstein, weite Teile Nordrhein-Westfalens, das Rhein-Neckar-Gebiet bis hinunter zum Bodensee und Bayern südlich der Donau werden. Wenn es nach der EG-Kommission ginge, dann dürfte dort heute schon Natur- und Kunstdünger nur noch mit dem Teelöffel aufs Feld getragen werden, und jede Kuh müßte im Stall ihr eigenes WC mit direktem Anschluß zur zentralen Kläranlage bekommen. „Spürbare wirtschaftliche Folgen“ werden vorausgesagt. Was das ist, wußte er.

Als Laiminger auf die erste Diskussionsveranstaltung ging, war das Thema, soweit er sich erinnerte, die Reduzierung des Grenzwerts für Nitrat von 90 auf 50 Milligramm pro Liter Grundwasser. Ein junger Arzt beeindruckte ihn ganz außerordentlich. Die ganze Versammlung war gegen ihn voreingenommen, weil er kein Bauer war, „keiner von uns“, aber was er sagte, wußte sonst keiner, und es paßte genau ins Bild. Natürlich war Laiminger damals ganz verunsichert, denn die Reduktion des Grenzwertes für Nitrat wurde mit „Gesundheitsvorsorge“ begründet, und dagegen kann man doch nichts einwenden. So hieß es, bei Kleinkindern, welche im Verhältnis zum Körpergewicht etwa fünfmal soviel Wasser zu sich nehmen wie Erwachsene und besonders empfindlich auf Nitrat reagieren, könne es durch die Düngemittel im Grundwasser zur „Blausucht“ kommen, welche sogar tödlich enden könne. Daß jedoch in den vergangenen 25 Jahren kein Fall bekannt wurde, wo Trinkwasser der öffentlichen Wasserversorgung zu einer derartigen Erkrankung geführt hat, sagte keiner — außer der junge Arzt damals auf der Diskussionsveranstaltung. Da fiel es Laiminger wie Schuppen von den Augen: Nicht die „Gesundheitsvorsorge“ konnte daher der Anlaß für die neuen Nitratnormen im Trinkwasser sein.

Worum es bei den niedrigen Normen für Nitrat in

Vergleich des EG-Grenzwertes von 0,0001 mg/l mit dem WHO-Grenzwert für die gebräuchlichsten Pflanzenschutzmittel

Pflanzenschutzmittel	WHO-Richtwert in mg/l	Verhältnis von WHO-Richtwert zu EG-Grenzwert
Alachlor	0,0003	3
Atrazin	0,002	20
Bentazon	0,025	250
2,4-D	0,1	1000
Lindan	0,003	30
MCPA	0,0005	5
Methoxychlor	0,030	300
Metolachlor	0,005	50
Pendimethalin	0,017	170
Propanil	0,17	1700
Pyridate	0,06	600
Simazin	0,017	170
Trifluralin	0,17	1700

Wie kommen die WHO-Werte zustande? In Langzeitversuchen wird ein bestimmtes Pflanzenschutzmittel verschiedenen Tierarten zugeführt, um die Konzentration herauszufinden, bei der keinerlei meßbaren Effekte mehr auftreten. Der Grenzwert ist bei verschiedenen Tieren im allgemeinen unterschiedlich. Man nimmt den geringsten Wert, das heißt den Wert des Tieres, welches am empfindlichsten auf das Pflanzenschutzmittel reagierte, und nennt es NOAEL (No-Observed-Adverse-Effect-Level). Wir nehmen an, es sei beispielsweise 1 mg pro kg Körpergewicht und Tag. Für den Menschen reduziert man den aus Tierversuchen gewonnenen Wert sicherheitshalber noch um den Sicherheitsfaktor 10, d.h. im Beispiel auf 0,1 mg pro kg Körpergewicht und Tag. Falls die Versuchsergebnisse nicht völlig eindeutig waren oder eine besondere Gefährdung für den Menschen vermutet wird, reduziert man manchmal sogar um das 100-fache. Dann reduziert man die Konzentration nochmals um den Faktor 10, d.h. in unserem Beispiel auf 0,01 mg pro kg Körpergewicht und Tag, um der besonderen Empfindlichkeit von Kranken, Kleinkindern und alten Menschen Rechnung zu tragen. Man erhält damit den ADI-Wert (Acceptable Daily Intake for Man). Für Trinkwasser reduziert die WHO diesen ADI-Wert nun nochmals auf ein Zehntel, in unserem Beispiel auf 0,001 mg pro kg Körpergewicht und Tag. Für ein durchschnittliches Körpergewicht von 60 kg (über das gesamte Lebensalter) und einen durchschnittlichen Trinkwasserverbrauch von 2 Litern pro Tag erhält man einen Grenzwert von 0,03 Milligramm pro Liter Trinkwasser. Das entspricht einem Pflanzenschutzmittel mittlerer Giftigkeit, wie etwa Methoxychlor. Der Grenzwert der EG-Norm setzt in diesem Fall einen Sicherheitsfaktor von 300 000, bei weniger giftigen Pflanzenschutzmitteln setzt die EG-Norm den Sicherheitsfaktor willkürlich auf 1,7 Mio.

Wirklichkeit ging, das konnte er sich nun leicht zusammenreimen. Er nannte es die „heimliche Nitratquote". Wie wir Menschen die Luft zum Atmen, braucht jede Pflanze zum Wachsen Stickstoff. Dieser Stickstoff wird den Pflanzen hauptsächlich als Nitrat zugeführt. Alles was wir ernten, entnimmt dem Boden Stickstoff, der durch Düngung ersetzt werden muß, wenn mit dem Boden kein Raubbau getrieben werden soll. Laiminger wußte nur zu gut, was Düngemittel kosten, und wäre dumm gewesen, wenn er damit verschwenderisch umgegangen wäre. Er hatte sogar immer nur zwei Drittel der Menge gedüngt, die für optimal angesehen wurde. Aber wenn man mit der Düngung jetzt noch weiter heruntergingе, dann bedeutete das auf die Dauer eine Verschlechterung des Bodens und geringere Erträge. Das war's also: Jahr für Jahr bestand die EG-Politik darin, die landwirtschaftlichen Erträge mit allen Mitteln zu senken. Warum sollte da nicht auch die „Gesundheitsvorsorge" als Vorwand herhalten?

Wie selbstverständlich hob Laiminger einige faustgroße Steine von seinem Acker auf und warf sie an den Rand des Fahrweges. Eiskalt waren sie schon, bald würde es den ersten Frost geben. Immer noch war es sein Land. Ob er im nächsten Jahr einen Teil verpachten sollte? Denn ganz ohne die Hilfe seines Sohns, wie sollte er das schaffen?

Pflanzen ohne Schutz

Über die neue EG-Trinkwasserverordnung, die ab 1. Oktober 1989 gilt, konnte Laiminger nur lachen. Für jedes einzelne Pflanzenschutzmittel liegt der Grenzwert bei 0,1 Mikrogramm pro Liter Trinkwasser — das ist ein zehnmillionstel Gramm pro Liter. Das dient angeblich auch der „Gesundheitsvorsorge". Bei dieser Konzentration nimmt ein normaler Mensch, welcher am Tag durchschnittlich 2 Liter Trinkwasser zu sich nimmt, im Verlauf eines 70jährigen Lebens gerade 5 Milligramm von diesem Pflanzenschutzmittel zu sich. 5 Milligramm ist gerade so viel wie ein Salzkorn. Für die Summe aller Pflanzenschutzmittel zusammen gilt der Grenzwert von 0,5 Mikrogramm, das macht dann 5 Salzkörner in 70 Jahren. Außerdem läßt die Trinkwasserverordnung andere Stoffe in viel höheren Konzentrationen zu. Das bekannte Gift Arsen ist bis zur 400fachen Konzentration erlaubt und Quecksilber bis zur 10fachen Konzentration, es sind eben keine Pflanzenschutzmittel. Nach der „heimlichen Dünger-Quote" kommt also die „heimliche Pflanzenschutzmittel-Quote", kommentierte Laiminger: „Die Burschen in Brüssel sind recht einfallslos." Doch wenn er jetzt zurückdachte, dann hatte sein Sohn die Sache damals nicht so leicht genommen, denn er hatte ganz deprimiert gesagt: „Jetzt ist es so weit, daß wir tatsächlich Glück haben, wenn wir auf unserem Land bald einen Golfplatz betreiben dürfen." Das hatte er wohl damals ganz im Ernst gemeint.

Laiminger merkte, daß es höchste Zeit wurde, sich wieder ein bißchen zu ärgern. Er erinnerte sich daran, wie er sich noch vor einem Jahr von einem Umweltschützer die Unverschämtheit gefallen lassen mußte, er wäre als Bauer für das „Gift im Essen" verantwortlich. Der junge Arzt, den er mittlerweile in solchen Fällen um Rat fragte, schickte ihm einen Zeitungsartikel, der sich als sehr wirkungsvoll herausstellte. Als erste Testperson wählte Laiminger eine Verwandte des Pfarrers, die auf anthroposophische Sinnsprüche und ökologische Körnerkost schwor und den Fehler machte, über die „gefährlichen krebserregenden Stoffe" zu sprechen, welche die Bauern als Pestizide einfach aufs Feld streuen.

Nun konnte Laiminger loslegen: „Folgende Pflanzenprodukte enthalten natürliche Pestizide (die sich in Tests mit Mäusen als krebserregend erwiesen) in Konzentrationen bis etwa 4 ppm: Ananas, Anis, Äpfel, Bananen, Basilikum, Blumenkohl, Brokkoli, Fenchel, Grünkohl, Grapefruit, Himbeeren, Honigmelone, Kakao, Karotten, Meerrettich, Muskat, Nelken, Pastinak, Petersilie, Pfirsich, schwarzer Pfeffer, Pilze, Rettich, Rosenkohl, Rotkohl, weiße Rüben, Schwarzwurzel, Sellerie, Senf, Warzenmelone, Weißkohl, Zimt. Die Liste ist unvollständig, da erst wenige Nahrungsmittel auf natürliche Pestizide untersucht wurden. Wahrscheinlich produzieren alle Pflanzen natürliche Pestizide, um sich gegen Schädlinge und Parasiten zu schützen."

Laiminger machte eine kurze Pause. „Und nun muß man vor allem folgendes wissen", fuhr er fort: „Der amerikanische Biochemiker Bruce Ames hat ausgerechnet, daß Menschen im Durchschnitt 10 000-mal mehr natürliche Pestizide essen als künstliche. Wegen der übertriebenen Angst vor künstlichen Pestiziden werden von Biologen Nutzpflanzen gezüchtet, die gegen Schädlinge besonders widerstandsfähig sind. Diese Widerstandsfähigkeit beruht jedoch darauf, daß die Pflanzen selbst mehr natürliche Pestizide erzeugen. Erste Folgen haben sich schon gezeigt: eine neue, resistente Kartoffelart mußte schleunigst zurückgezogen werden, weil sich herausstellte, daß die Knollen wegen des erhöhten Gehalts an Teratogenen, Solanin und Chaconin für den Menschen akut giftig waren. Ebenso mußte in den Vereinigten Staaten eine resistente Selleriesorte aus dem Markt genommen werden, weil die Feldarbeiter durch sie schwere Hauterkrankungen erlitten." Der Pfarrer erbat sich zur Information eine Kopie des Artikels und seine Verwandte mied Laiminger seither wie der Teufel das Weihwasser.

Menschen ohne Brot

Während sich Laiminger diese Szene nochmals durch den Kopf gehen ließ, war er am Nordrand seines Stückchen Waldes angelangt, wo es vom Wildzaun begrenzt wurde. Wie oft war er hier mit seinem Sohn entlanggegangen und hatte die Aussaat des nächsten Jahres besprochen, Anschaffungen geplant oder ganz allgemein Zukunftspläne geschmiedet. Es wollte ihm einfach nicht in den Kopf, daß sich sein Sohn einfach von heute auf morgen entschieden hatte aufzuhören. Keine Perspektive! Aber welche Perspektive hatte er denn in der Stadt? „Es ist eine Schande!" rief Laiminger, daß es schallte, und dann murmelte er: „Da werden junge Menschen demoralisiert, da werden Flächen stillgelegt, da wird unter dem Vorwand von Umweltschutz und Gesundheit die Produktivität gedrosselt, und die halbe Menschheit hat immer noch nicht genug zu essen!" Dabei ist die Sache doch so einfach: „Essen muß jeder!". Angeblich ist der Transport von Nahrungsmitteln in die Hungergebiete zu teuer. Warum werden die Riesentankschiffe, die, um seetüchtig zu sein, Ballastwasser tanken müssen, nicht mit Nahrungsmitteln gefüllt, wenn sie ohnehin um den halben Erdball fahren? Warum ist es erlaubt, daß aus Devisengründen Nahrungsmittel aus Ländern exportiert werden, obwohl dort die eigene Bevölkerung hungert? Zum Schutz von Walfischen, Robben und Urwaldbäumen werden Boykottmaßnahmen ergriffen, aber für hungernde Menschen nicht! Ihm war klar: Einfach aufhören, nein, das würde er nie, aber so wie bisher würde es auch nicht weitergehen.

8. Kapitel

Es lebe die Natur!

Umweltschützer sind keine Naturfreunde. Lange bevor man das Wort „Umweltschutz" erfand, gab es „Naturfreunde". So bezeichneten sich Menschen, welche die belebte Natur als göttliche Schöpfung besonders hochschätzten und in der wunderbaren Schönheit und Gesetzmäßigkeit der Natur einen Maßstab für menschliche Handlungen sahen. Wahre Naturfreunde waren immer zugleich Freunde der Menschheit. Für die Naturfreunde gab es keinen Gegensatz zwischen Natur und der vollen und freien Entfaltung des Menschen in allen seinen naturgegebenen Fähigkeiten — zur Wissenschaft, zur Kunst, zum Aufbau und zur Entwicklung seiner Nationen. Im menschlichen Genius sahen sie sogar die höchste Stufe der Natur: Der Mensch als Ebenbild Gottes wird selbst zum Schöpfer.

Ganz anders die heutigen Umweltschützer. Sie sind überzeugt davon, der Mensch, seine Technik, seine Bevölkerungsexplosion, sein Wirtschaftswachstum seien zu einer Belastung und Gefährdung der Umwelt geworden. Jede produktive Tätigkeit ist ihnen verdächtig, und täglich berichten die Medien über Umweltkatastrophen. Radioaktivität und giftige Chemikalien verseuchen angeblich die Luft, unser Essen, die Milch, den Salat, den Wein und das Grundwasser.

Wir haben gesehen, wie viel Lärm um Nichts bei diesen Katastrophenmeldungen gemacht wird. Es fragt sich nun, was hinter all dem Lärm steckt und für welche Ziele die Sorge um den Erhalt der Natur den Vorwand liefert? Es wäre nicht das erste Mal, daß mit Angst und Hysterie die Bevölkerung im Namen des Guten und Schönen betrogen wird.

In der Tat paßt einiges bei den bekannten Umweltschutzkampagnen nicht zusammen. Allein wenn man sich anschaut, was für Leute immer wieder als Berufsdemonstranten aus der ganzen Bundesrepublik anreisten, um gegen die Kernenergie oder andere „Umweltgefahren" zu demonstrieren, kommen einem Zweifel. Wieso sollten diese Leute, die gerade durch ihr häßliches Aussehen und Verhalten auffallen, ein ausgesprochenes Gefühl für die natürliche Schönheit haben? In der Natur bemüht sich jedes Tier, seinen Körper sauber und schön zu halten; bei den Grünen hat man oft den Eindruck, als gelte das Gegenteil als schick. Und die brutale, ohrenbetäubend laute Rockmusik, mit der so mancher von ihnen seine unmittelbare Umwelt verseucht, was hat dies mit den zarten und schönen Lauten der belebten Natur zu tun, etwa mit dem Morgengesang der Vogelwelt, die den wahren Naturfreund erfreut?

Nein, die selbsternannten Umweltschützer rennen ideologisch verblendet und mit wirren Vorstellungen von der Natur durch die Welt. Sie sprechen deshalb auch lieber von „Ökologie" als von Natur, damit ihre Ignoranz nicht gleich auffällt. Genausowenig wie die Kernkraftgegner, die stundenlang über die Sicherheit von Kernkraftwerken reden können, niemals in der Lage wären, ein Kernkraftwerk zu entwickeln und zu bauen, sind die Umweltschützer in der Lage, den wirklichen Entwicklungsgang der Natur zu verstehen und zu fördern. Sie spezialisieren sich auf die Emanzipation des Unkrautes und kämpfen besessen für die Rettung einer bestimmten Art von Würmern, die gerade ihre Aufmerksamkeit gefunden hat. Wer rettet jedoch die Natur vor den „Umweltschützern"? Wer entwickelt und bewahrt, wie es die Naturfreunde taten, die wahren Prinzipien der Harmonie zwischen Natur und Mensch?

Unnatürliches Gleichgewicht?

Umweltschützer behaupten: Der Mensch stört das natürliche Gleichgewicht der Natur. Das „natürliche Gleichgewicht" ist eine Fiktion! Die Natur war in der ganzen Geschichte der Erde niemals im „natürlichen" Gleichgewicht. Sie ist ein Prozeß ständigen Wachstums, der im Laufe der erdgeschichtlichen Entwicklung stets schneller und intensiver geworden ist. Im Gleichgewicht ist höchstens tote Materie.

Das Leben auf der Erde begann mit primitiven Einzellern, später entstanden komplexe Vielzeller, welche die Ozeane verließen und das Land „eroberten". Die Organismen wurden schneller, energiegeladener, geschickter und „intelligenter". Der Energiegehalt des Lebensprozesses auf der Erde vergrößerte sich exponentiell.

Dabei verwandelte das Leben auch seine „Umwelt": Atmosphäre, Klima, Geologie und Oberfläche der Erde wurden durch die Evolution drastisch verändert. Schon lange bevor es den Menschen gab, hatte das Leben die Tendenz, die „natürliche" Umwelt so zu verändern, daß die Bedingungen für seine weitere Entwicklung günstiger wurden. Ein Beispiel ist die Photosynthese. Ursprünglich gab es kaum Sauerstoff in der Erdatmosphäre. Heute enthält die Atmosphäre etwa 21 Prozent Sauerstoff. Das ist allein durch die Photosynthese lebender Organismen zustandegekommen. Die Photosynthese war ein großer „technologischer" Durchbruch, völlig neue Tier- und Pflanzenarten wuchsen heran, und der Energiedurchsatz auf der Erde stieg um ein Vielfaches an. Der Sauerstoff war jedoch gleichzeitig für die meisten der damaligen Lebensformen Gift.

Hätte es damals Umweltschützer gegeben, sie wären gegen die „neue Biotechnologie" der Photosynthese und die durch sie „verursachte Luftverpestung" mit Sauerstoff zu Felde gezogen und hätten für die Artenerhaltung der durch Sauerstoff vom Aussterben bedrohten anaeroben, bakterienähnlichen Mikroorganismen in den Ozeanen gekämpft. Hätte sich der „Umweltschutz“ damals durchgesetzt, dann wäre das Leben auf der Erde nie über das Stadium von Bakterien hinausgekommen; ja das Leben wäre wahrscheinlich aufgrund von Energiemangel und Erschöpfung der vorhandenen Nährstoffe schon in der „Ursuppe“ des primordialen Ozeans ausgestorben!

Unnatürliche Technik?

Wenn Umweltschützer behaupten, Technik sei etwas Künstliches und Unnatürliches, dann kommt darin ihr etwas gestörtes Verständnis zu Technik, Kunst und Natur zum Ausdruck. Niemand wird bestreiten, daß der Mensch mit seinem Gehirn ein Produkt der Natur ist. Unbestreitbar ist auch die Technik als Produkt des menschlichen Gehirns und damit zumindest ein mittelbares Naturprodukt. In Wirklichkeit führt der Mensch mittels der von ihm geschaffenen Technik die natürliche Evolution nur weiter fort, denn Technik — im Sinne von Strukturen und Anordnungen, welche die Macht eines Lebewesens über seine Umgebung vergrößern — hat es seit Milliarden von Jahren gegeben. Technik ist das Natürlichste von der Welt! Was sind die Flügel eines Vogels, wenn nicht Technik? Was anderes ist der lange Hals der Giraffe, der es ihr erlaubt, von hohen Bäumen zu fressen, als „natürliche“ Technik? Was die Mägen der Kühe, der Höcker des Kamels? Und was könnten die Grünen dagegen haben, daß die Fledermäuse ein akustisches Radar haben, daß der Zitteraal seine Beute durch elektrische Stöße tötet oder daß verschiedene Pflanzen Giftstoffe ausstoßen, die das Wachstum von Schädlingen und Unkraut hemmen? Alles ist Technik — Technik, die die Natur selbst im Laufe der Evolution entwickelt und ausprobiert hat. Jeder Naturpark oder Zoologische Garten ist im Grunde nichts anderes als ein Museum für diese „natürlichen“ Techniken.

Vor der Entstehung des Menschen bestand die technische Entwicklung der Natur fast ausschließlich in der Entstehung neuer Arten und Gattungen von Lebewesen, denn jedes Lebewesen war in seinem Aufbau und in seinem Verhalten relativ festgelegt.

Genau wie jedem Tier seine bestimmte Technik eigen ist, ist die menschliche Technik dem Menschen eigen. Und da der Mensch ein Vernunftwesen ist, das durch freies, kreatives Denken seine Verhaltensweisen ständig weiterentwickeln kann, ist ihm auch zu eigen, seine Technik kreativ weiterzuentwickeln. Der Vogel muß bei seinen Flügeln bleiben, die Fledermaus bei ihrem akustischen Radar, die Giftpflanze bei den Chemikalien, die sie hat. Der menschliche Geist kann durch Wissenschaft und Erfindungen gewissermaßen den Entstehungsprozeß der Natur nachahmen, indem er neue Technologien in die Welt bringt. Es gibt nichts „Natürlicheres“ als die Entwicklung von Wissenschaft und Technik durch den Menschen.

In der Natur freut sich jedes Lebewesen an der Ausübung seiner gottgegebenen Fähigkeiten: Es ist nur dann glücklich, wenn es diese Fähigkeiten in vollem Maß entfalten kann. So liegt die Freude des Vogels im Fliegen und Singen, der Katze im Jagen, der Biene in ihrer fruchtbaren Beschäftigung mit den Blumen, der Fische im Schwimmen. Der Mensch aber hat die gottgegebenen Fähigkeiten zum Denken, Erforschen, Erfinden, Pflanzen Anbauen, Schaffen schöner Werke in der bildenden Kunst und der Musik. Und genau das wollen die Umweltschützer dem Menschen verbieten, indem sie behaupten, die Technik sei „künstlich“ und „unnatürlich“. Wie jedes Tier, so muß auch der Mensch seine Fähigkeiten im vollen Maße und in vollständiger Freiheit entfalten und ausüben können. Die Natur will es so. Unsere „technologisierte“ Industriegesellschaft ist noch sehr unvollkommen, aber sie hat die menschlichen Fähigkeiten deutlich zum Ausdruck gebracht. Wir müssen sie vervollkommnen, nicht aber zerstören.

Unnatürlich viele Menschen?

Umweltschützer sagen, es gibt zu viele Menschen. Sie behaupten, vor allem die Entwicklungsländer seien überbevölkert und wir erlebten eine bedrohliche Bevölkerungsexplosion. Damit bringen die Umweltschützer auf den Punkt, was sie von den Naturfreunden unterscheidet: Die Ideologie der Umweltschützer ist letztendlich menschenfeindlich.

Das, was mit „Bevölkerungsexplosion" bezeichnet wird, gibt es in Wirklichkeit gar nicht. Die meisten Entwicklungsländer sind recht dünn bevölkert. Die durchschnittliche Bevölkerungsdichte der Bundesrepublik beträgt 248 Bewohner pro Quadratkilometer. Sie ist 18mal höher als die Bevölkerungsdichte Afrikas! Afrika ist furchtbar unterbevölkert, die geringe Bevölkerungsdichte würde sich sofort als eines der schwierigsten Hindernisse für die wirtschaftliche Entwicklung des Kontinents herausstellen, wenn man eine wirkliche Entwicklung Afrikas in Gang setzte.

Wenn alle Länder der Erde die gleiche Bevölkerungsdichte wie die Bundesrepublik hätten, dann gäbe es mehr als 36 Milliarden Menschen auf der Welt! Diese Zahl wäre selbst bei der denkbar schnellsten Bevölkerungszunahme erst nach Ende des nächsten Jahrhunderts zu erreichen. Bereits mit der heutigen Landwirtschaftstechnik könnte man diese 36 Milliarden Menschen ernähren, vorausgesetzt natürlich, in der gesamten Welt würde auf dem hohen wissenschaftlichen und technischen Niveau wie in der Bundesrepublik gearbeitet. Dabei ist die Bundesrepublik ein herrliches Naturland. Insbesondere Gäste aus Entwicklungsländern rühmen den „herrlichen und milden Garten", als der sich ihnen unsere Landschaft darstellt.

Aber selbst 36 Milliarden Menschen sind keine absolute Grenze für die Menschheit. Wir haben ja recht willkürlich die heutige Bevölkerungsdichte der Bundesrepublik zugrundegelegt. Für einen Menschen im Entwicklungszustand des Jägers und Sammlers wären 248 Menschen pro Quadratkilometer eine unvorstellbare Bevölkerungsdichte, mehr als 1500mal so viel wie damals möglich, denn der Jäger und Sammler brauchte etwa 15 Quadratkilometer pro Person, um genügend Nahrung zum Leben zu finden. In gut gebauten, gut funktionierenden Städten der Bundesrepublik findet man oft eine Dichte von 10 000 Menschen pro Quadratkilometer — ohne daß sich die Bewohner bedrängt oder unglücklich fühlen. Mit einer entsprechenden Bevölkerungsdichte für die gesamte Welt würde es 1500 Milliarden Menschen auf der Erde geben. Auch wenn man dieser Zahl vielleicht genauso fassungslos gegenübersteht wie ein Steinzeitmensch unserer heutigen Bevölkerungsdichte: Eine absolute Grenze für die Bevölkerungszahl der Menschheit zu ziehen, wäre töricht. Sie hängt von der zukünftigen technischen und gesellschaftlichen Entwicklung ab, nicht von unseren heutigen Vorstellungen.

Es gibt jedoch sogar einige Leute, die behaupten, die Bundesrepublik sei bereits überbevölkert, und es gäbe kaum Platz für alle Deutschen. Nun, auch in Schweden — einem Land, wo man Ferngläser braucht, um den nächsten Menschen zu sehen — sind manche der festen Überzeugung, daß auch dort die Bevölkerung zu groß sei. Für einen Menschenfeind ist jeder andere Mensch zu viel, man kann deshalb die Bevölkerungsdichte nicht unter das Niveau von Adam und Eva absenken. Es hat sehr gefährliche politische Konsequenzen, wenn der Begriff „Überbevölkerung" rein subjektiv verwandt wird. Bei diesem Begriff kann es doch nur darum gehen, daß das technische und wirtschaftliche Niveau nicht ausreichend ist, der existierenden Bevölkerung einen angemessenen Lebensstandard zu sichern. Deshalb ist es ehrlicher, von Unterentwicklung statt Überbevölkerung zu sprechen. Dann erkennt man, daß sich hinter dem Gerede von angeblicher „Überbevölkerung" und bevorstehender „Bevölkerungsexplosion" die politische Entscheidung verbirgt, den Entwicklungsländern lebensnotwendige Technologien vorzuenthalten und sie verhungern zu lassen. Es sind deshalb genau die gleichen Leute, die behaupten, die Welt sei überbevölkert, die wie besessen gegen die moderne Technik in der Landwirtschaft ankämpfen, weil durch die riesige Überproduktion an Lebensmitteln angeblich die Umwelt zerstört wird.

Unnatürlicher Wohlstand?

Umweltschützer behaupten, in den Industrienationen verschmutzten relativ wenige, wohlhabende Menschen die Umwelt besonders stark. Sie sagen, die größte Umweltverschmutzung fände man in den reichen Industrieländern, mit ihren vielen Fabriken und Autos. Ganz falsch. Die bei weitem schlimmste Umweltverschmutzung findet man in den Ländern der Dritten Welt, wo man auf veraltete Technologien angewiesen ist. Die Wälder Indiens verschwinden, weil man aus Mangel an Strom und Gas Holz verbrennen muß, sogar in der Industrie. Abends hängen über den Großstädten Indiens dicke Rauchschwaden, weil man fast in jedem Haus das Essen auf Holzfeuern kocht. In Mexico-City quälen sich uralte, auseinanderfallende Autos und Busse, die das Benzin kaum noch verbrennen und stinkende Benzinwolken ausstoßen, durch die Straßen der Stadt. Will man Verschmutzung wirklich kennenlernen, gehe man in die Slums von Sao Paolo in Brasilien, die keine Kanalisation oder Müllabfuhr und keine Trinkwasserversorgung kennen.

In diesen Ländern wird einem klar, daß Unterentwicklung die größte Gefahr für die Natur ist. Moderne Technologie ist nicht nur effizienter und verbraucht deshalb weniger Rohstoffe und Energie, sie ist auch sauberer. Anstatt eine Technik, wie zum Beispiel das Auto, zu verteufeln, muß man sich fragen, welches wichtige Bedürfnis diese Technik erfüllt, um dann Ideen zu entwickeln, wie man dieses für noch mehr Menschen billiger und wirkungsvoller erfüllen kann. Das ist Naturschutz und nicht das impotente Gezeter eines Umweltschützers, der schimpfend in seinen heruntergekommenen PKW einsteigt.

Wer leichtfertig erklärt, die Bewohner der Industriestaaten sollen zum Wohle der Umwelt auf einen Teil ihres übertriebenen Konsums verzichten, der sollte sich vor Augen führen, daß selbst in den angeblich so reichen Ländern Westeuropas und den USA dieser Wohlstand nur einem Teil der Bevölkerung zukommt. Das kinderlose Lehrerehepaar mit doppeltem Einkommen und grüner Parteikarriere ist eben für die Bevölkerung der meisten Industrieländer nicht repräsentativ. In Teilen Süditaliens und Frankreichs, in weiten Teilen Spaniens oder in England kennt man immer noch Armut, wenn auch nicht gleich Hungersnot wie in Afrika. Hunger gibt es aber auch in den schwarzen Gettos der amerikanischen Hauptstadt Washington. Und wenn man genauer hinsieht, so erkennt man, daß auch der scheinbare Reichtum der Mittelklasse in den reichen Ländern meistens nur eine billige Fassade ist, die allzuoft auf dem schwankenden Plastikfundament der hoffnungslos überzogenen Kreditkarte des Familienvaters aufgebaut ist. Obwohl die Konsumgüterproduktion in den letzten 30 Jahren mengenmäßig stark zugenommen hat, ist die Qualität gesunken. Kann man wirklich von zu großem Wohlstand sprechen, wenn in der Bundesrepublik eine kinderreiche Familie kaum mehr eine bezahlbare Wohnung finden kann?

Unnatürliche Umweltschützer

Wenn Umweltschützer pathetisch sagen: „Erst stirbt der Baum und dann der Mensch!", dann erwidert der wahre Naturfreund: „Wirklich? Aber wie dem auch sei, zuerst kommt der Mensch und dann der Baum. Die Natur einschließlich des Menschen ist ein harmonisches Ganzes. Aber der aus dieser ‚Natur' hervorgegangene Mensch hat die Aufgabe, sie weiterzuentwickeln und wie ein liebevoller Gärtner zu veredeln und zu verbessern. Der Mensch hat vielleicht sogar die Aufgabe, die belebte Natur auf andere Planeten zu tragen. Wer die Entwicklung der belebten Natur wirklich versteht, der weiß, daß auch das Umgekehrte wahr ist: ‚Ohne den Menschen stirbt der Baum.'"

9. Kapitel

Kernfrage Kernenergie

Lise Meitner, Otto Hahn und Fritz Straßmann erbrachten 1938 den Nachweis, daß sich Atomkerne spalten lassen. Sehr bald erkannte man, daß es theoretisch möglich sei, eine Kettenreaktion in Gang zu setzen, die unvorstellbare Energien freisetzen kann. Die Geburtsstunde der Kernenergie war jedoch kurz vor Beginn des zweiten Weltkrieges für eine friedliche Nutzung denkbar ungünstig. Und so fand die Kerntechnik ihre erste Verwendung als furchtbare Waffe. Doch schon wenige Jahre danach läutete das Programm „Atome für den Frieden" ein Zeitalter ein, in dem die friedliche Nutzung der Kernenergie zum entscheidenden Faktor für die Entwicklung der Welt werden sollte.

Man traut den eigenen Augen nicht, wenn man heute die Aussagen der Parteien zur Kernenergie liest, die sie in den sechziger Jahren machten: So entschieden setzten sie sich für die friedliche Nutzung der Kernenergie ein. Der wirtschaftliche Aufbau im eigenen Land stand im Vordergrund der Politik, der Kampf gegen den Welthunger war Anliegen internationaler Konferenzen, und die Kernenergie als billige, saubere und universell einsetzbare Energiequelle sollte dabei helfen. Dann kam mit der „Ölkrise" eine überraschende Bewährungsprobe. Öl, der wichtigste Energieträger, schien knapp zu werden. Die Kerntechnik war mittlerweile technisch gereift und stand wirtschaftlich als Ersatz bereit. Beim Anhalten des damals erwarteten Wirtschaftswachstums in der zweiten Hälfte der achtziger Jahre rechnete man für die Bundesrepublik mit einer installierten Kernkraftwerksleistung von etwa 45 Gigawatt. Das ist mehr als das Doppelte dessen, was heute tatsächlich vorhanden ist. Eine deutliche Mehrheit der Bevölkerung, die Vertreter aller Parteien sowie der Gewerkschaften waren eindeutig für den Ausbau der Kernenergie.

Denkpause

Doch es kam ganz anders. Mit der Ölkrise, genau in dem Moment, als man die Kernenergie gebraucht hätte, kam die große Denkpause. In Brokdorf wurden Polizisten halbtot geprügelt. Auf allen Kernkraftwerksbauplätzen wurde mit Steinen, Prügeln und Schleudern gehandelt, aber gedacht wurde weder dort noch in Bonn. Heute befürworten nur noch zehn von hundert Bundesbürgern den weiteren Ausbau der Kernenergie. Diese „dramatische" Wende im „Bewußtsein der Bundesbürger" ermittelte in fünfjähriger Arbeit das Internationale Institut für empirische Sozialökonomie in Stadtbergen bei Augsburg. Eine Million DM kostete die Studie den Steuerzahler, eine Studie, deren Ergebnisse nichts über die tatsächliche Gefahr der Kernenergie aussagt, höchstens etwas über die Beeinflußbarkeit von Menschen. Sie bezeugt, mit welchem Erfolg seit Mitte der siebziger Jahre die friedliche Nutzung der Kernenergie madig gemacht wurde.

Dabei ist Kernenergie die sicherste Energiequelle der Menschheit. Seit 40 Jahren wird sie wirtschaftlich genutzt, etwa 300 Kernkraftwerke arbeiten im Westen, und doch gab es bisher im Westen keinen einzigen nuklear verursachten Todesfall. In den USA wurden bis 1975 achthundert Störfälle gemeldet, keiner davon führte zur Überhitzung des Reaktors oder zum Austritt von Radioaktivität über die festgelegten, niedrigen Grenzwerte hinaus. Das ist einmalig in der Geschichte der Technik. Ebenso lange leben Matrosen Tag und Nacht in nukleargetriebenen U-Booten auf kleinen Kernkraftwerken — im Westen ohne nachweisbare Folgen für ihre Gesundheit.

All das gilt, wohlgemerkt, für den Westen. Schließt man den Ostblock mit ein und läßt das Kernkraftwerk in Tschernobyl als „zivilen" Reaktor gelten, was er in Wirklichkeit nicht war, und stellt zusätzlich in Rechnung, daß die Zahl der Opfer des Reaktorunfalls heruntergespielt wurde, so kann man dennoch mit großer Sicherheit davon ausgehen, daß die zivile Nutzung der Kerntechnik innerhalb von 40 Jahren nicht mehr als 1000 Opfer gefordert hat. Verglichen mit allen anderen Technologien ist das unvorstellbar wenig.

Feuer ist die älteste Energiequelle der Menschheit. Noch immer fordert ihre Anwendung im Westen jährlich 90 000 Verbrennungstote und fast eine Million Brandverletzte, die mit ernsten Folgeschäden weiterleben. Bezogen auf 1 Milliarde MWh elektrische Leistung sterben durchschnittlich 1 030 Bergleute im Kohlebergbau, aber nur 20 im Uranbergbau. Am 11. Juli 1978 explodierte ein mit 43 Kubikmetern verflüssigtem Propangas gefüllter Tankwagen in der Nähe eines Campingplatzes bei San Carlos de la Rapita in Spanien. 144 Menschen starben auf der Stelle, 82 erlagen später ihren Verbrennungen. Am 3. Januar 1976 explodierte ein Erdöllager von 13 000 Tonnen in New York. Zufällig wehte der Wind seewärts und verhinderte eine Smog-Katastrophe unvorstellbaren Ausmaßes. Weit größere Gas- und Öllager finden sich überall im Lande. Ihre Explosion bedeutet nach „konservativer Schätzung" eine ähnliche Gefahr für die Bevölkerung wie ein möglicher Angriff mit Atombomben. Trotzdem hat noch niemand ernsthaft ein Anwendungsverbot für Öl und Gas verlangt.

Die Abbildung 9.1 zeigt in graphischer Darstellung das Risiko des Betriebs von 100 Kernkraftwerken im Vergleich mit anderen zivilisatorischen Risiken wie der Gefahr, bei einem Feuer oder einem Flugzeugabsturz ums Leben zu kommen. Das Risiko, an der Kernenergie Schaden zu nehmen, ist um 3-5 Größenordnungen, d.h. 1000- bis 100 000-mal geringer. Abbildung 9.2 vergleicht die berufliche und allgemeine Gefährdung durch verschiedene Energiearten, gemessen in verlorenen Arbeitstagen. Wie man sieht, ist die Kernenergie die sicherste Energiequelle von allen. Ernsthafte Umweltschützer sollten sich also nach dieser Energieform die Finger lecken. Das Gegenteil ist der Fall. Ihre Ablehnung steht geradezu im Mittelpunkt aller „ökologischen“ Bemühungen.

Woher kommt die nahezu hysterische Angst vor der Kernenergie, womit inzwischen alle Parteien auf Wählerfang gehen und die uns tagtäglich aus den Massenmedien entgegenschlägt? Wie war es möglich, das ehrgeizige Energieprogramm der Bundesregierung umzustoßen? Wie kam es de facto zum Ausstieg aus der Kernenergie in unserem Lande? Können wir es uns wirklich leisten, in einer Zeit, in der eine völlig unterentwickelte Welt nach Energie dürstet, in dümmlicher Selbstzufriedenheit auf die Kernenergie zu verzichten, oder sollten wir uns die ganze Sache nicht noch einmal gründlich durchdenken? In der Tat, es ist höchste Zeit für ein Ende der Denkpause! Wir sollten endlich wieder über die Kerntechnik nachdenken und uns einige wichtige Fragen klar beantworten: Wie kam der Stimmungsumschwung gegen die Kerntechnik zustande? Wie gefährlich ist radioaktive Strahlung wirklich? Ist das Abfallproblem, die Lagerung und Wiederaufarbeitung von Kernbrennstoffen, lösbar? Wie sicher sind Reaktoren, und was geschah bei den Unfällen in Tschernobyl und in Harrisburg wirklich?

Stimmungsmache: Die erste Welle

Der Abwurf der beiden Atombomben auf die japanischen Städte Hiroshima und Nagasaki zog 1945 einen brutalen Schlußstrich unter den militärisch und diplomatisch bereits beendeten Zweiten Weltkrieg. Zehn Jahre nach diesen ersten tödlichen Atomblitzen fand in Genf 1955 unter dem Vorsitz des indischen Gelehrten Homi Bhabha die erste

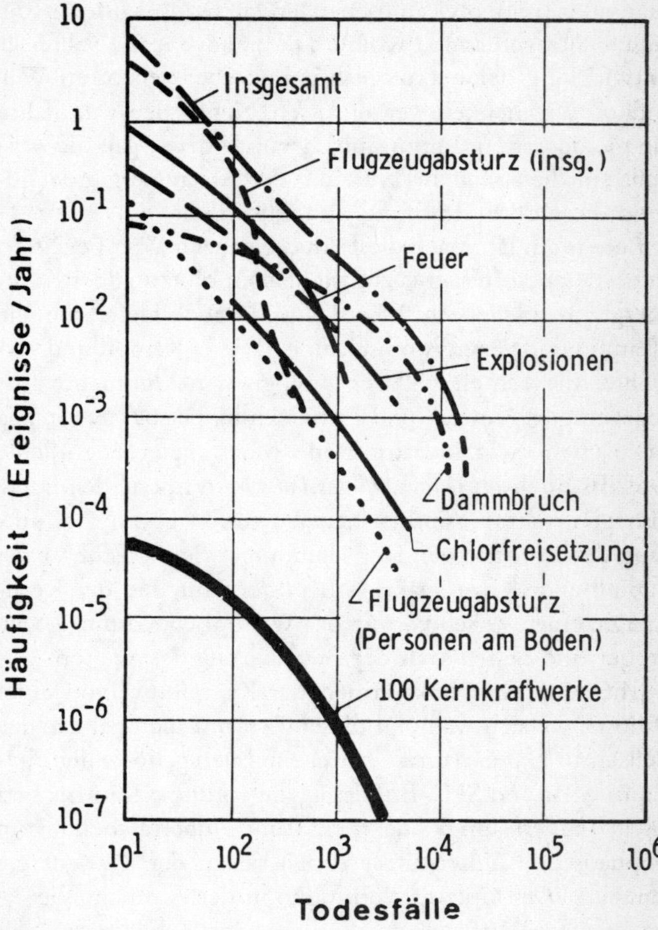

Abbildung 9.1 zeigt in graphischer Darstellung das Risiko des Betriebs von 100 Kernkraftwerken im Vergleich mit anderen zivilisatorischen Risiken. Das Risiko, an der Kernenergie Schaden zu nehmen, ist um 3-5 Größenordnungen geringer.

Welt-Atom-Konferenz statt. Das war der Beginn der Ära der friedlichen Nutzung der Atomkraft. Mit großer Hoffnung sah man damals „von rechts bis links" dem „Atomzeitalter" entgegen, welches das Bild vom hungernden, frierenden und obdachlosen Menschen ins Museum der Geschichte verbannen wollte. Die neue Energie sollte die Entwicklung der entkolonialisierten, aber zerstörten Welt endlich Wirklichkeit werden lassen. Neben der Raumfahrt, die pionierhaften Optimismus herausforderte, gab die Aussicht auf die friedliche Nutzung der Atomenergie der Jugend die größte Hoffnung und Zuversicht.

Bereits ein Jahr nach dieser in der ganzen Welt begeistert aufgegriffenen Initiative zur friedlichen Nutzung der Kernenergie meldete sich Widerstand. 1956 bildete sich ein „Kampfbund gegen Atomschäden". Dieser Kampfbund versuchte, mit rechten, völkisch-biologischen Argumenten die begeisternde Aufbau- und Entwicklungsperspektive madig zu machen. Sein Initiator Bodo Manstein veröffentlichte 1961 das Buch *Im Würgegriff des Fortschritts* mit all den heute gängigen kulturpessimistischen Anwürfen gegen die Nutzung der Kernenergie. Der Hamburger Sektionsführer des Kampfbundes, Ernst Jäkel, sah in der Nutzung der Kernenergie eine „Verschwörung des Weltbolschewismus gegen Erbgut und Lebenskraft der Bevölkerung des Westens".

Mitstreiter von links erhielt der Kampfbund von einer Gruppe, die sich während dieser Zeit um die unabhängige Zeitschrift *Das Gewissen* scharte. Zu ihnen gehörte der Physikprofessor und SPD-Bundestagsabgeordnete Karl Bechert sowie Robert Jungk, der sich damals überraschend vom emphatischen Unterstützer zum Kritiker der Kernenergie wandelte. *Das Gewissen* vermutete in der Atomenergie einen weiteren Versuch des Kapitals, den Lebensabend der Arbeiter auszubeuten.

Ein Jahr später, im Jahre 1957, veranstaltete die Pugwash-Konferenz die erste öffentliche Tagung gegen Atomwaffentests. Angeblich verfolgte sie das Ziel, den nuklearen Niederschlag zu verringern. Die private Gesellschaft anerkannter Wissenschaftler aus Ost und West suchte ganz friedlich nach einer neuen Gesellschafts- und Machtordnung unter einer „Eine-Welt-Regierung". Die weltweite Macht sollten sich die Eliten in Ost und West teilen, damit lokale Kriege, welche die „gefährliche Überbevölkerung" verringern, unter Kontrolle gehalten werden könnten.

Das von der Pugwash-Konferenz gesetzte Signal führte im nächsten Jahr 1958 zur weltweiten Ostermarschbewegung „gegen den Atom-Tod". In der Bundesrepublik wurde diese anfänglich von SPD und Gewerkschaften unterstützt. Beide Massenorganisationen mußten sich aber zurückziehen, als die Vorherrschaft der 1956 verbotenen KPD in dieser Bewegung unübersehbar wurde. Der Ostermarsch richtete sich gegen die kriegerische Nutzung der Atomenergie. Er bezog aber von Anfang an die friedliche Nutzung mit ein. Jede Regierung, die sich für die friedliche Nutzung der Kerntechnik einsetzte, wurde nämlich verdächtigt, sie tue das nur, um an waffenfähiges Plutonium für den Bau von Atombomben heranzukommen.

Besonders wirkungsvoll war diese Kampagne gegenüber den Entwicklungsländern. Von höchster Stelle wurde mit großem propagandistischen Aufwand die „Befürchtung" verbreitet, Entwicklungsländer könnten, wenn sie einmal im Besitz von Atomkraftwerken seien, selbst Atomwaffen herstellen und die Vorherrschaft der „Supermächte" in Frage stellen. Der Vertrag zur Nichtweiterverbreitung sollte dies angeblich verhindern. In Wirklichkeit diente dieser Vertrag jedoch nur als Vehikel, die zivile Nutzung der Kerntechnik in Entwicklungsländern zu erschweren, während die Supermächte den Vertrag mißachteten, indem sie nicht die geringsten Anstrengungen machten, die in diesem Vertrag gemachten Abrüstungsversprechen einzuhalten. (Daß es vor allem darum ging, den Entwicklungsländern die Kerntechnik vorzuenthalten, wurde am deutlichsten am tragischen Schicksal von Pakistans Ministerpräsidenten Ali

	berufliche Gefährdung	allgemeine Gefährdung
Kohle	73,0	2010,0
Erdöl	18,0	1920,0
Kernenergie	8,7	1,4
Erdgas	5,9	?
Meerwärme	30,0	1,4
Wind	282,0	539,0
Sonne, im Durchschnitt	131,0	343,0
Heizen/Warmwasser	103,0	9,5
Turmkraftwerk	101,0	510,0
Solarzellen	188,0	511,0
Methanol aus Biomasse	1270,0	0,4

Abbildung 9.2: Eine kanadische Studie vergleicht die berufliche und allgemeine Gefährdung durch verschiedene Energiearten, gemessen in verlorenen Arbeitstagen. Als „beruflich gefährdet" gelten alle, die ein Energiesystem aufbauen und betreiben, als „allgemein gefährdet" die restliche Bevölkerung. Ein Todesfall ist hier 6000 ausgefallenen Arbeitstagen gleichgesetzt.

Bhutto, der kompromißlos an seinem nationalen Kernenergieprogramm festhielt. Der damalige US-Außenminister Henry Kissinger erklärte ihm, wenn er nicht von einem mit Frankreich geschlossenen Vertrag über den Ausbau der Kernenergie abrücke, werde man an ihm ein „grausiges Exempel" statuieren. Im Jahre 1977 wurde Bhutto gestürzt, 1978 in einem manipulierten Schauprozeß zum Tode verurteilt und 1979 hingerichtet.)

Im Jahre 1959 regte der Schriftsteller Günter Schwab mit seinem 1958 erschienenen Buch *Der Tanz mit dem Teufel* die Gründung des „Weltbundes zum Schutze des Lebens" an. In dem Buch feiern die Teufel die friedliche Nutzung der Kernenergie als willkommene Strategie zur Selbstvernichtung der Menschheit.

Stimmungsmache: Die zweite Welle

Die erste Welle der Anti-Atom-Kampagne ebbte ohne nachhaltigen Erfolg rasch ab. Immerhin wurde die Atomenergie in Kernenergie umbenannt. Ob das half, die mit der Atombombe verbundenen Ängste abzuwerfen, ist zweifelhaft. Man hatte gelernt, zwischen Atombomben und Kernkraftwerken zu unterscheiden, und der Einfluß der Kernkraftgegner blieb gering. Im Protokoll einer Fachgruppe der Deutschen Atomkommission vom 6. Februar 1966 liest man: „Da die Kernenergie nicht mehr Gegenstand einer allgemeinen Polemik sei, könne nüchtern abgeschätzt werden, wie das bisher Erreichte konsolidiert und was an neuen Kapazitäten für einen geschlossenen Brennstoffkreislauf... geschaffen werden müsse".

Das sollte sich ändern. 1968 feuerte der Vorsitzende des „Weltbundes zum Schutze des Lebens", der Lemgoer Arzt Max Otto Bruker, in der *Deutschen Volkszeitung,* dem Ersatzorgan der verbotenen KPD, mit seinem Artikel gegen das Kernkraftwerk Würgassen den Startschuß für die Anti-Kernkraft-Bewegung in der Bundesrepublik ab. Dem Weltbund gelang es nicht nur, die linke Studenten- und Jugendbewegung hinter die Anti-Kernenergie-Bewegung zu ziehen, er blieb auch der Organisator hinter dieser auf vielfältige Weise vorgetragenen Kampagne.

Die „68er" Protestwelle hatte sich zwar am Krieg der USA gegen das kleine Volk Vietnams entzündet, verfolgte aber eine „Konfliktstrategie", die auf das Gesellschaftssystem überhaupt zielte. Dazu konnte jedes Thema dienen, wogegen sich Widerstand mobilisieren ließ, z.B. Hochschulreform oder Notstandsgesetze. Dem entsprach Max Otto Bruker mit dem Titel seines Artikels „Der Notstand der Demokratie — aufgezeigt am Atomkraftwerk Würgassen". Er betonte darin weniger die Gefahren der Kernenergie, vielmehr stellte er sie als Hebel eines heraufziehenden „Faschismus" dar. Die Argumente, die Robert Jungk 1977 in seinem Bestseller *Der Atomstaat* vorbrachte, waren also gar nicht originell.

Ebenfalls im Jahre 1968 erschien auch von rechts Ernst Jäckels *Tödlicher als die Bombe, Atomkraft kostet Lebenskraft* und von links Günter Schwabs neues Buch *Morgen holt dich der Teufel.*

Der militante Widerstand badischer Winzer gegen den Bau des Kernkraftwerks Wyhl hatte die Konfliktstrategen von der Brauchbarkeit dieses Themas überzeugt. Den Winzern unter Führung des Ostermarschierers Balthasar Ehret ging es nicht um Radioaktivität, sondern man hatte ihnen weisgemacht, die zu erwartenden Wasserdampfschwaden aus den Kühltürmen von Wyhl minderten die Qualität des Weins.

Im Jahre 1973 erschien das Buch des Jungsozialisten Holger Strohm *Friedlich in die Katastrophe.* Es belieferte die Linke mit den wichtigsten aus den USA importierten Argumenten gegen Kernenergie und schlug mit der ökologischen Argumentation die Brücke zwischen den Rechten und den Linken, die nun in der „grünen Bewegung" miteinander verschmolzen.

Erst jetzt, im Jahre 1974, gelang es Karl Bechert (SPD), den von Bruker in der Deutschen Volkszeitung geforderten linken Protest gegen die Kernenergie im Zusammenhang mit dem Bau des geplanten Kernkraftwerks Würgassen zu entfachen. Die Koordination und Beratung des Kampfes lag beim Ordinarius für öffentliches Recht der Universität Bremen, Prof. Hinst. Der Verdacht, die Bundesregierung erliege einem „Run nach der Atombombe," spielte hierbei die dominierende Rolle.

Seitdem führen in erster Linie die Medien den Kampf gegen die Kernenergie. Die abstoßenderen Terroraktionen der Kernkraftgegner lieferten dabei jeweils den Vorwand für „besorgte Berichte". Wenn in einem Kernkraftwerk etwas klemmte, und sei es nur der Toilettendeckel, wurde der Bürger in reißerischer Aufmachung über die „Beinahekatastrophe informiert". Fachleute und Kerntechniker kamen nicht zu Wort oder wurden als von der „Atommafia" abhängig und gekauft verunglimpft. Bald zogen sie sich entmutigt aus der öffentlichen Debatte zurück. So wuchs im

Verlauf der Jahre die „Einsicht", daß wir „die Kerntechnologie eben noch nicht im Griff" haben, ja, daß sie vielleicht „prinzipiell unbeherrschbar" sei.

Ist dieser Stimmungswandel gegenüber der Kerntechnik wirklich nur die Folge derartiger Propaganda? Gibt es nicht doch Gründe in der Kerntechnik selbst? Einer, der es wissen sollte, der verbissene Kernkraftgegner Erhardt Eppler (SPD) schrieb hierüber am 28. September 1979 in *Die Zeit*: „Nicht die Gefahren der Kernenergie sind größer geworden, nicht die Reaktoren weniger sicher — im Gegenteil, geändert haben sich die Fragestellungen, die Wertmaßstäbe, kurz, das Bewußtsein".

Kernenergie ist kein Selbstzweck

Energie bereitzustellen ist die Grundlage dafür, daß Menschen mit Nahrungsmitteln, Kleidung, Wohnung und Wasser versorgt werden können. Heute verbrauchen 5 Prozent der Weltbevölkerung rund 75 Prozent der erzeugten Energie. Diese 5 Prozent leben auf der Sonnenseite und sollten mindestens dafür Sorge tragen, daß der Rest der Menschheit so viel Energie erzeugen kann, daß genug zum Leben da ist. Es ist bekannt, daß in Ländern mit einem Energieverbrauch von weniger als 3 Tonnen Steinkohleäquivalent die Kindersterblichkeit schlagartig ansteigt und die Lebenserwartung rapide sinkt. Das ist nicht verwunderlich, denn der Energieverbrauch einer Wirtschaft ist eine Maßzahl für Nahrungsmittel, Kleidung, Wohnung, Heizung, Krankenhäuser und alle Dinge des täglichen Bedarfs. Erst im Bereich über 5 Tonnen pro Kopf spiegelt diese Zahl auch den Konsum von Luxusgütern wieder, denn in diesem Bereich steigt die Lebenserwartung mit dem pro-Kopf-Energieverbrauch kaum mehr an. Zusätzlich muß man berücksichtigen, daß die Entwicklung der Infrastruktur selbst viel Energie benötigt. In der Aufbauphase nach dem Krieg lag in der Bundesrepublik der pro-Kopf-Verbrauch deutlich über

6 Tonnen pro Kopf, obwohl der Lebensstandard sehr gering war.

Heute gibt es 5 Milliarden Menschen, in absehbarer Zeit werden es 10 Milliarden sein, und der weltweite Energieverbrauch liegt bei 9,5 Milliarden Tonnen Steinkohleeinheiten. Geht man also davon aus, daß jeder Mensch das Lebensnotwendige an Gütern erhalten soll — wohlgemerkt nur das Lebensnotwendige, keinen Luxus — dann kommt man auf einen notwendigen Weltenergieverbrauch, der drei- bis sechsmal so hoch liegt wie heute! Vor diesem Hintergrund wird deutlich, wie lächerlich der Hinweis auf die „alternativen" Energiequellen ist. Sie sind nicht mehr als ein Deckmäntelchen, hinter dem versteckt werden soll, daß man dem eigenen ideologischen Faible das Wohlergehen und Leben von Millionen Menschen zu opfern bereit ist. Nur mit der Kernenergie und der schnellen Weiterentwicklung der Kerntechnik, zum Beispiel der Kernfusionsenergie, kann eine lebenswerte Perspektive für die künftigen Generationen geschaffen werden.

Sicher, die Erzeugung von Energie gleich welcher Art ist mit Risiken verbunden. Die Kernenergie ist mit Risiken verbunden, aber diese Risiken sind insgesamt nicht größer als die anderer Energiequellen, eher geringer. Man muß seinen Wanst schon recht sattgefressen haben, wenn man die Gefahren der Kernenergie so hochstilisiert, daß man die Risiken und die Not ganz vergißt, die Energiehunger mit sich bringt. Ja, aber die Medien! Man liest doch tagtäglich von den Gefahren der Kernenergie! Natürlich wird die Kerntechnik in den Medien verteufelt, aber sollen wir deshalb wieder einmal achselzuckend sagen: „Wir haben von nichts gewußt"? Wer soll uns das glauben, daß wir eine so einfache Sache nicht gewußt haben: Jeder Mensch braucht zum Leben Energie, und es stehen uns heute nur ganz bestimmte Energietechniken zur Verfügung. Wir können auf die Kernenergie einfach nicht verzichten.

10. Kapitel

Der Super-GAU

Doch halt! So einfach können wir es uns nicht machen. Kernkraftgegner werden an dieser Stelle laut die Stimme erheben und rufen: „Das wichtigste Argument gegen die Kernenergie wurde im vorigen Kapitel einfach unterschlagen!“ Dieses wichtigste Argument, das wochenlang ganze Zeitungsseiten füllte und jedem Angst und Schrecken in den Nacken jagte, ist der Super-GAU, der Kernkraftunfall jenseits aller beherrschbaren Sicherheitsmaßnahmen. „Die Kernkraft ist vom Menschen unbeherrschbar!“ Das ist das entscheidende Argument, auf dem die Ablehnung gegen Kernkraft aufbaut. Ein Argument, das nach den Reaktorunfällen in Harrisburg und Tschernobyl angeblich jedem einleuchtet. Ist dieses Argument wirklich so einleuchtend? Vielleicht sollte man sich heute, nachdem diese Unfälle einige Zeit vorbei sind, noch einmal nüchtern betrachten, was damals eigentlich vorgefallen war und warum diese Unfälle eintraten. Vielleicht stellt sich dabei heraus, daß gerade diese beiden Unfälle zeigen, wie sicher die Kernenergie trotz allem ist.

Zuerst muß jedoch klar sein, daß die Warnung vor einem großen Unfall, bei dem große Teile des radioaktiven Inventars eines Kernkraftwerks freigesetzt werden, sehr, sehr ernst zu nehmen ist. So falsch es ist, ein Kernkraftwerk mit einer Atombombe gleichzusetzen, so deutlich muß man jedoch auch sagen, daß die Mengen an strahlendem Material, welches sich innerhalb eines Betriebsjahrs in einem Kernreaktor ansammelt, ein Vielfaches dessen ist, was eine normale Atombombe an radioaktivem „Fall-Out“ erzeugte. Potentiell ist also ein Kernkraftwerk eine sehr große Gefahrenquelle. Aber — dieses entscheidende Aber darf man nicht unterschlagen, wie das die Kernkraftgegner tun — eine potentielle Gefahr ist noch lange keine reale Gefahr, nach der man sein ganzes Leben ausrichten sollte. Zum Beispiel ist die potentielle Gefahr eines Zusammentreffens der Erde mit einem anderen Himmelskörper viel größer als die Gefahr eines Super-GAUs. Schon das Auftreffen eines Objektes von wenigen Kilometern Durchmessern wäre eine Katastrophe für die Menschheit, wenn nicht die ganze Biosphäre. Ein solches Ereignis ist jedoch so unwahrscheinlich, daß nur jemand, der nicht ganz richtig im Kopf ist, seine Lebensweise an dieser Gefahr ausrichten würde.

In den siebziger Jahren verbreiteten die Kernkraftgegner in Wort und Schrift die Behauptung, bei einem Super-GAU in einem Kernreaktor westlicher Bauart gäbe es eine Million „Soforttote" und viele Millionen an Krebskranken in der Folgezeit. Was ist mit Super-GAU gemeint? Die Abkürzung GAU steht für „größten anzunehmenden Unfall". Man definiert damit die Grenze zwischen denkbaren Unfallabläufen, die man sich zwar vorstellen kann („potentiell" ist ja alles vorstellbar), deren Eintreten jedoch so unwahrscheinlich ist, daß man dagegen keine besonderen Sicherheitsmaßnahmen ergreift. Mit dem Wort Super-GAU bezeichneten Kernkraftgegner ausdrücklich den zwar denkbaren, aber nach menschlichem Ermessen völlig ausgeschlossenen Kernkraftunfall.

Der Reaktorunfall von Tschernobyl

Am 26. April 1986 ereignete sich der bisher folgenschwerste Unfall in der Geschichte der Nutzung von Kernenergie im Reaktor Nr. 4 in Tschernobyl. Nach dem gerade erklärten Kriterium war dies ein Super-GAU. Dennoch kann man die Reaktionen der bundesdeutschen Medien auf diesen Unfall nur als maßlos und gerade zu grotesk bezeichnen.

Man forderte die Bevölkerung auf, in der Wohnung zu bleiben, Kinderspielplätze wurden gesperrt, man empfahl, kein Gemüse zu essen, Frischmilch zu meiden, kein Wildfleisch, keine Haselnüsse, kurz: nichts zu genießen, was unter freien Himmel wuchs. Eine Behörde übertraf die andere an Betriebsamkeit. Alarmierende Rundschreiben wurden aufgesetzt, und Lautsprecherwagen fuhren durch die Wohnquartiere.

Inzwischen ist es in der Bundesrepublik um Tschernobyl und die Folgen ziemlich ruhig geworden. In Fachzeitschriften kann man hin und wieder Nüchternes über die tatsächliche Gefahr lesen, die damals bestand, aber in den Massenmedien nicht. In welcher Zeitung war zum Beispiel zu lesen, daß 100 Milchproben im als besonders gefährdet geltenden Regierungsbezirk Weser/Ems ergaben, daß die Radioaktivität der Trinkmilch von Kühen zu keinem Zeitpunkt den Strahlungswert von 20 Becquerel pro Liter überschritt; ein Wert, der bei einem Fünfundzwanzigstel des offiziell zulässigen Grenzwertes liegt. Andere Messungen ergaben, daß über die gesamte Fläche der Schweiz insgesamt nur acht tausendstel Gramm radioaktives Jod mit einer Halbwertszeit von 8 Tagen abgeregnet sind. Die Menge an Cäsium 137 war so gering, daß sie sich mengenmäßig nicht feststellen ließ.

Diese und unzählige andere Messungen bestätigen, was der Spezialist für die Wirkung geringer Strahlendosen, Professor Feindegen sagte: „Insgesamt ist der Schluß gerechtfertigt, daß die durch die Radioisotope vom Reaktorunfall angehobene Strahlenbelastung keine gesundheitliche Gefahr bedeutet, wenn die normalen Lebens- und Eßgewohnheiten beibehalten werden." Auf der Physikertagung am 14.-18. März 1989 in Karlsruhe erläuterte Professor W. Jacobi von der Gesellschaft für Strahlen- und Umweltforschung die Strahlenbelastung Südbayerns, der Region in der Bundesrepublik, die von den Folgen des Unfalls in Tschernobyl am stärksten betroffen war. Die Auswertung von über

100 000 Messungen habe ergeben, daß eine „Erhöhung des Krebsrisikos mit Sicherheit auszuschließen ist“. Diese sachlichen Aussagen stehen in krassem Gegensatz zu dem, was in den Medien verbreitet wurde und wovor infolgedessen die meisten Bürger ernstlich Angst hatten in den Wochen nach dem Unfall von Tschernobyl.

Soviel zu den Ereignissen in der Bundesrepublik. Und was geschah in der Sowjetunion, am Ort des Unfalls selbst? Dank Glasnost und „neuer Offenheit“ können wir heute die Opfer recht gut abschätzen. Es sind nicht 30 Tote zu beklagen, wie zuerst behauptet wurde, sondern die sowjetischen Behörden haben selbst mittlerweile knapp 300 Todesopfer zugegeben. Ob 30, 300 oder gar 3000 Tote — ein Unfall wie der von Tschernobyl darf in keinem Fall „in Kauf genommen werden“. Bei sorgfältigem Umgang mit der Kerntechnik und deren friedlicher Nutzung, bei der das Wohl der Menschen im Vordergrund steht, wird es auch nicht zu solchen Unfällen kommen. Alle Statistiken über Störfallwahrscheinlichkeiten sagen nämlich über eines gar nichts aus: wie verantwortlich sich Betreiber und Konstrukteure von Kernkraftanlagen verhalten. Technik wird von uns Menschen gemacht, und muß von uns Menschen verantwortet werden. Technik hat keine Eigengesetzlichkeit oder statistischen Zwänge zu Fehlern. Wenn jeder kleine Fehler behoben wird, ernst genommen wird und aus ihm gelernt wird, dann wird es keinen großen Fehler geben. Mit dieser Sicherheitsstrategie hat der Super-GAU eine Wahrscheinlichkeit, die genauso groß ist wie die des Einschlags eines Riesenmeteoriten — also praktisch null.

Dieses Sicherheitsdenken herrschte im Kernkraftwerk in Tschernobyl jedoch keineswegs. Der in Tschernobyl betriebene RBMK-1000 hat alle Eigenschaften einer Waffenplutoniumbrutanlage. Die UdSSR hatte sich das Reaktormodell durch Spionage Ende der vierziger Jahre in den USA besorgt und das Volumen der militärischen Plutoniumbrutanlage mehr als verdreifacht. Der Reaktor RBMK-1000 kann also sehr gut und billig Waffenplutonium produzieren, und weniger gut und nicht ganz so billig elektrischen Strom. Der Vorfahre des RBMK-1000 war während des Zweiten Weltkrieges in den Vereinigten Staaten im Zuge des Manhattanprojekts im Aragonne Laboratory an der Universität Chicago entwickelt worden, und zwar zu rein militärischen Zwecken. Den Sowjets gelang es 1954, diesen Reaktor in Obninsk nachzubauen. Nachdem dieser Reaktortyp im Westen wegen sicherheitstechnischer Bedenken längst ausgemustert worden war, baute die Sowjetunion 19 Reaktoren dieses Typs.

Der Reaktorkern besteht aus einem großen Graphitblock, der in einem Betonschacht steckt. Das Graphit dient als Moderator, welcher die bei der Kernspaltung freiwerdenden Neutronen so abbremst, daß sie genau die richtige Geschwindigkeit haben, um andere Kerne besonders wirkungsvoll zu spalten. In das Graphit sind senkrecht 1698 mit Zirkoniumstahl verkleidete Röhren gebohrt, durch die drei Pumpen das Kühlwasser pressen. Eine weitere Pumpe steht als Reserve zur Verfügung. In jedem dieser Schächte hängt der Brennstoffbehälter mit jeweils 36 Brennstäben. Die Brennstäbe bestehen ähnlich wie im Westen aus Urandioxydtabletten, deren Uran-238 zu 1,8 Prozent mit dem spaltbaren Uran-235 angereichert worden ist. Die Tabletten sind in ein Rohr aus Zirkoniumstahl eingeschweißt.

Viel Plutonium, wenig Sicherheit

Das Plutonium entsteht nun, wenn das Uran-238 in den Brennstäben Neutronen einfängt und sich so in Plutonium-239 umwandelt. Läßt man das Brennelement jedoch mehrere Monate im Reaktorkern — oder sogar Jahre, wie in den bei uns gebräuchlichen Leichtwasserreaktoren —, dann werden weiter Neutronen eingefangen, und es entstehen höhere Plutoniumisotope Pu-240, Pu-241 und Pu-242. Waffensprengstoff besteht zu 93% aus Pu-239, die höheren

Isotope machen das Plutonium als Waffenmaterial unbrauchbar. Will man Plutonium-239 brüten, darf man die Brennelemente nur Tage oder Wochen der Neutronenbestrahlung im Reaktor aussetzen und muß sie dann aus dem Reaktor herausnehmen.

Der RBMK-1000 eignet sich deshalb so gut zum Plutoniumbrüten, weil die Brennelemente während des Reaktorbetriebs leicht entnommen werden können. Bei den im Westen gebräuchlichen Leichtwasserreaktoren muß man den Reaktor abstellen und das Reaktorgefäß öffnen, bevor man ein Brennelement herausnehmen kann. Beim RBMK-1000 werden nach sowjetischen Angaben täglich zwei bis drei Brennelemente ausgewechselt. Das ist gut doppelt so viel, wie bei einem ausschließlich auf Stromerzeugung abzielenden Betrieb nötig wäre.

Den Vorteil bei der Plutoniumerzeugung gleicht der RBMK-1000 durch zwei gravierende sicherheitstechnische Mängel aus, die im Westen dazu führten, daß dieser Reaktortyp selbst für rein militärische Anlagen nicht in Betracht gezogen wurde. Der erste Mangel ist das Fehlen einer inhärenten „Notbremse“, die alle Kernreaktoren im Westen haben. Wenn zum Beispiel in einem Leichtwasserreaktor plötzlich an einer Stelle mehr Kernreaktionen stattfinden, dann steigt dort die Temperatur an. Das Wasser im Reaktorgefäß wird „dünner“ oder verdampft sogar und verringert dabei seine moderierende Wirkung. Das wiederum führt dazu, daß weniger Neutronen abgebremst werden, um andere Kerne gut spalten können, und als Folge reduziert sich ohne äußere Intervention oder Steuerung die Anzahl der Kernreaktionen wieder. Dieser eingebaute Sicherheitsmechanismus findet in dem graphitmoderierten Reaktor RMBK-1000 nicht statt.

Der zweite Mangel des RMBK-1000 ist die Größe des Reaktorkerns, die es sehr schwer macht, ihn in eine Sicherheitshülle einzuschließen. In der Sowjetunion verzichtet man deshalb einfach ganz darauf.

$$^{235}_{92}U + {}^{1}_{0}n \longrightarrow {}^{236}_{92}U \longrightarrow {}^{89}_{36}Kr + {}^{144}_{56}Ba + 3\,{}^{1}_{0}n + 200\,MeV$$

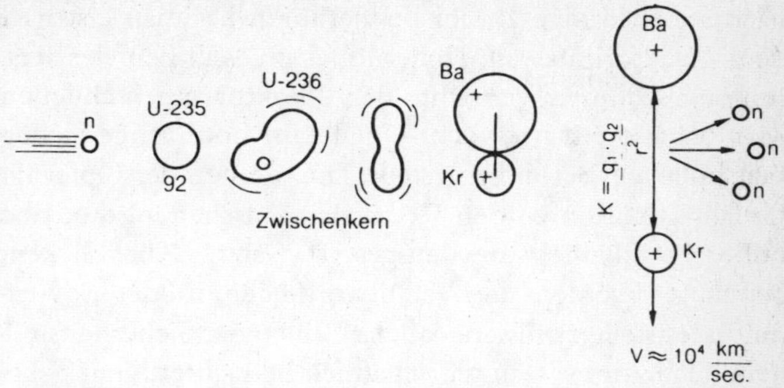

Abbildung 10.1.: Wird ein Uran-235-Atom von einem thermischen Neutron mit der Geschwindigkeit von 2000 m/sec getroffen, dann dringt dieses Neutron in den Kern ein. Das eingedrungene Neutron stört das labile Gleichgewicht zwischen den im Kern verbundenen Neutronen und Protonen. Bei der Umgruppierung gerät der Kern in Schwingungen und zerfällt z.B. in ein Krypton- und ein Bariumisotop, die mit großem Impuls auseinanderfliegen.

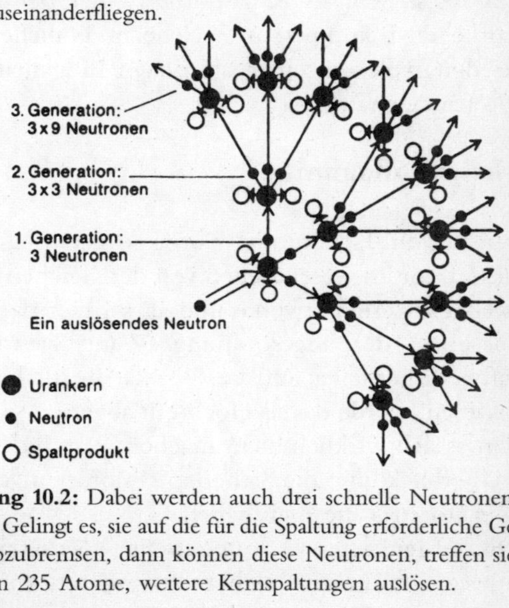

Abbildung 10.2: Dabei werden auch drei schnelle Neutronen weggeschossen. Gelingt es, sie auf die für die Spaltung erforderliche Geschwindigkeit abzubremsen, dann können diese Neutronen, treffen sie auf andere Uran 235 Atome, weitere Kernspaltungen auslösen.

Die Sicherheitshülle westlicher Kraftwerke soll verhindern, daß bei einem schwereren Störfall, bei dem das Reaktorgefäß zerstört wird, radioaktives Material unkontrolliert nach außen dringt. In der Sowjetunion hat man erst nach dem Reaktorunfall in Tschernobyl im Rahmen der Rettungsmaßnahmen versucht, den Reaktor einzuschließen. Man hat also erst nach dem Unfall eine notdürftige Sicherheitshülle aus Beton hergestellt. Die meisten der Opfer des Unfalls gehörten zu den Rettungsmannschaften, die dabei hoher Strahlenbelastung ausgesetzt waren. Rückblickend betrachtet werden die Verantwortlichen in der Sowjetunion feststellen müssen, daß das Fehlen der Sicherheitshülle in Tschernobyl rein wirtschaftlich betrachtet mehr gekostet hat, als wenn man alle Reaktoren von vorneherein damit ausgestattet hätte.

Aber selbst wenn man von der Sicherheitshülle absieht, dann ist das Unglück in Tschernobyl nur vor dem Hintergrund unvorstellbarer Schlamperei und mangelnder Investitionen zu verstehen. Es ist Ausdruck einer beispiellosen wirtschaftlichen Inkompetenz, welche in ähnlicher Weise auch bei der Explosion einer sibirischen Erdgasleitung im Jahre 1989 zutagetrat.

Sicherheitsmaßnahmen

Beim Unfall von Tschernobyl wurde so getan, als sei der Unglücksreaktor im wesentlichen von der gleichen Art wie die westlichen Kernkraftwerke und als sei hier die gleiche Schlamperei an der Tagesordnung. Wenn westdeutsche Kernkraftwerkshersteller auf die Qualität westlicher Anlagen hinwiesen, wurde das als Hochmut abgetan. So einfach kann man es sich wirklich nicht machen. Zumindest einen groben Überblick über die Sicherheitsanforderungen westlicher Reaktoren sollte man haben.

Im Sicherheitssystem westdeutscher Kernkraftwerke werden passive und aktive Sicherheitsbarrieren unterschieden. Passiv nennt man eine Reihe von Schranken, die verhindern, daß radioaktive Substanzen nach außen dringen. Verlangt werden sechs unabhängig voneinander arbeitende, hintereinander gestaffelte Barrieren.

- Brennstoffe sind so zu entwickeln, daß die radioaktiven Isotope fest in ihrer Kristallstruktur eingeschlossen bleiben.
- Die Brennstofftabletten sind in Edelstahlrohre eingeschweißt, die besonderen Qualitätsanforderungen und -kontrollen unterliegen.
- Die Brennelemente werden von einem Reaktordruckgefäß fest umschlossen. Das Reaktorinventar tritt nicht mit der Umwelt in Berührung. Die Wärme des geschlossenen, primären Kühlmittelkreislaufs wird nur über Wärmetauscher nach außen an einen gesonderten sekundären Kreislauf abgegeben.
- Der Reaktor wird ringsum von meterdicken Betonwänden eingeschlossen, die einem abstürzenden Flugzeug standhalten müssen.
- Den Betonblock umhüllt eine Stahlkugel, die Sicherheitshülle. Sie muß die Gase und Dämpfe festhalten, die austreten, falls der Primärkreislauf bersten sollte. Sie hält einem Innendruck von 14 atü stand.
- Um die Stahlkugel wird schließlich noch eine Betonwand gezogen.

Zusätzlich sind bei westlichen Kernkraftwerken folgende aktive
Sicherheitsvorkehrungen vorgeschrieben:

- Die Kernreaktion muß durch sogenannte Steuerstäbe jederzeit abgeschaltet werden können.
- Die Abschaltung muß automatisch, ohne menschliche Eingriffe erfolgen, sobald der zentrale Steuercomputer des Kraftwerks irgendeine Abweichung vom Normalbetrieb vermerkt.
- Der Steuercomputer muß so ausgelegt sein, daß jeder Schaltvorgang über ihn ausgeführt wird und er jeden Prozeß im Kraftwerk überwacht und registriert. Bei kritischen

Betriebszuständen oder unvorhergesehenen Abläufen löst der Computer selbständig Alarm aus.

- Die Herstellung eines jeden im Reaktor eingebauten Teils unterliegt höchsten Qualitätskontrollen, die sich die wenigsten Bürger vorstellen können.
- Jedes Jahr wird der gesamte Reaktor einer gründlichen Inspektion unterzogen.
- Wichtige Komponenten müssen mehrfach vorhanden sein, damit bei Ausfall der einen sofort eine andere einspringen kann.
- Ersatzkomponenten, wie z.B. Kühlkreislaufpumpen, müssen nach jeweils anderen physikalischen Prinzipien arbeiten, um nicht der gleichen Wirkung zu erliegen, die schon die erste Komponente ausgeschaltet hatte. So umfaßt z.B. der Primärkreislauf in einem deutschen Leichtwasserreaktor vier Kreislaufsysteme, von denen nur zwei arbeiten. Die in jedem Kreislaufsystem enthaltenen Notaggregate sind ebenfalls doppelt vorhanden.

„Alles Quatsch!", ruft der hartgesottene Kernkraftgegner aus dem Hintergrund: „In Harrisburg haben wir doch gesehen, wie es mit der Sicherheit westlicher Kernkraftwerke steht. Auch da hätte es beinahe einen Super-GAU gegeben!"

Der Unfall von Harrisburg

Im Gegensatz zu Tschernobyl war der Unfall am 28. März 1979 im Kernkraftwerk Three Mile Island in der Nähe von Harrisburg kein Super-GAU. Der schwere Unfall demolierte den Reaktor zwar derart, daß er bis zum heutigen Tage unbrauchbar ist — eine teure Angelegenheit —, aber sicherheitstechnisch wurde der Unfall durch die eingebauten Sicherheitsvorrichtungen beherrscht.

Im Verlauf des Störfalls unternahm die Bedienungsmannschaft des Reaktors mehrere völlig unverständliche Eingriffe, die teilweise so ungewöhnlich waren, daß sogar der Verdacht von Sabotage aufkam. Der Reaktor wurde dabei so überhitzt, daß ein Teil der Brennelemente schmolz und die darin eingeschlossenen radioaktiven Stoffe in das Kühlwasser gelangten. Über ein Überdruckventil gelangte ein Teil des kontaminierten Wassers in das Reaktorgebäude. Dort wurde es von der Sicherheitshülle eingeschlossen. Da wurde plötzlich eine Pumpe eingeschaltet, die das radioaktive Wasser aus der Sicherheitshülle in vorbereitete Tanks für radioaktiven Abfall pumpte. Diese Tanks befanden sich in einem Nebengebäude außerhalb der Schutzhülle. So konnte ein geringer Teil der in diesem Wasser gelösten radioaktiven Stoffe austreten und in die Umgebung gelangen.

Die auf diese Weise an die Umwelt abgegebene Radioaktivität blieb sehr gering. Eine Sonderkommission der US-Atombehörde, die sofort aus Vertretern des Gesundheits-, Erziehungs- und Sozialministeriums gebildet worden war und umfassende Untersuchungen einleitete, kam zu dem Ergebnis, daß die kumulative Strahlungsmenge, die eine Person unter widrigsten Umständen im Umkreis von 70 km als Folge des Unfalls höchstens hätte aufnehmen können, insgesamt 85 Millirem betrug. Diese errechnete Maximalmenge, die in Wirklichkeit garantiert niemand aufgenommen hat, entspricht etwa einer Röntgenuntersuchung der Lunge.

Trotz großer Aufregung bestand nie die Gefahr einer massiven radioaktiven Verseuchung. Nicht einmal die für die Abgabe von Radioaktivität in den USA zulässigen Grenzwerte wurden erreicht. Wenn der Unfall in Harrisburg überhaupt etwas bewiesen hat, dann hat er gezeigt, wie gut westliche Kernkraftwerke auch gegen an Sabotage grenzende Fehler sicherheitstechnisch gewappnet sind.

Dichtung ohne Wahrheit

Mit ihrer Berichterstattung über den Unfall von Harrisburg versetzten die Medien die Weltbevölkerung in Schrecken.

Drei Kernkraftwerke im Vergleich

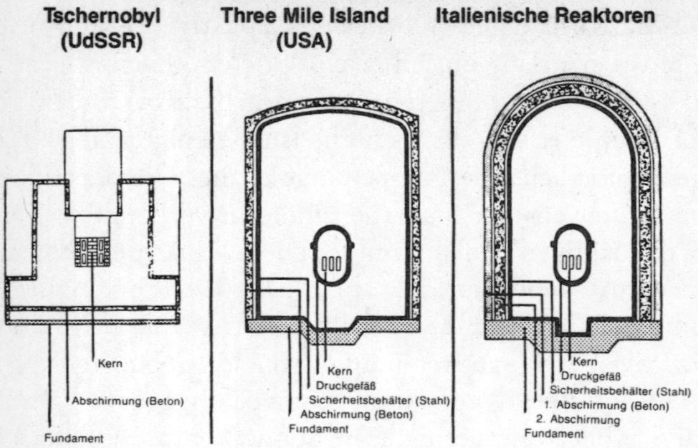

Reaktorsicherheitssystem

	Tschernobyl	Three Mile Island	ital. Reaktor
mehrfache Sicherheitsbarrieren			
— Brennstoff	UO_2-Zr	UO_2-Zr	UO_2-Zr
— Reaktorgefäß	1700 Druckröhren	ein Behälter	ein Behälter
— Sicherheitsbehälter	nein	ja	ja
— 1. Abschirmung	teilweise	ja	ja
— 2. Abschirmung	nein	nein	ja
— Dicke des Fundaments	2 Meter	4 Meter	5 Meter
Abschaltungssystem	einzeln	einzeln	doppelt
Notkühlsystem	8 Pumpen	10 Pumpen	18 Pumpen
Energieversorgung für den Notfall	1,5 Diesel	2 Diesel	4 Diesel
Resistenz gegen von einer Wasserstoffexplosion erzeugten Überdruck	nein	ja	ja
Resistenz gegen äußere Einwirkungen (z.B. Flugzeugabsturz)	nein	nein	ja

1. Tschernobyl: Am 26. April 1986 ereignete sich ein schwerer Unfall im Reaktor Nr. 4 von Tschernobyl. Dieser Reaktortyp wird nur in der Sowjetunion eingesetzt. Die fehlende Abschirmung führte dazu, daß große Mengen an Radioaktivität freigesetzt wurden.
2. Three Mile Island: Eine Kette von Ereignissen führte am 28. März 1979 zu einem schweren Unfall, der (genau wie in Tschernobyl) das Reaktorinnere zerstörte. Sicherheitsbehälter und Abschirmung verhinderten aber, daß große Mengen Radioaktivität in die Umgebung abgegeben wurden.
3. Italienische Reaktoren entsprechen den erforderlichen Sicherheitsbestimmungen aller westlichen Staaten, durch die Unfälle vollkommen verhindert oder ihre Schäden stark eingeschränkt werden. Mehrfache Abschirmungen würden bei schweren Störfällen eine Freisetzung von Radioaktivität verhindern.

Zeichnung und Tabelle entstammen einer nachahmenswerten Anzeige, die das italienische Energieversorgungsunternehmen ENEL in der italienischen Presse veröffentlichte.

Abbildung 10.3: Drei Kernkraftwerke im Vergleich

Die *New York Post* vom 29. März 1979 erfand eine radioaktive Wolke, die sich über die ganze Gegend ausbreitete. Die übrigen Medien griffen diese Meldung sofort auf.

Zwei Tage nach dem Unfall meldete die Strahlenschutzbehörde: „Die Gefahr für Menschen außerhalb des Kraftwerks ist gebannt. Nach unseren Messungen fällt die Radioaktivität deutlich ab". In der *New York Post* las es sich unter der Überschrift „Die undichte Stelle des Kraftwerks gerät außer Kontrolle" so: „Unkontrollierte Abgabe von Radioaktivität aus dem Kraftwerk Three Mile Island führt zu Panik auf den Straßen. Die Bevölkerung sucht von Sirenen gewarnt Schutz". Im nationalen Fernsehen zeigte man von Menschen verlassene Straßen. Befragte man die Leute, die dort wohnen, so erfuhr man, daß die Aufnahmen gestellt worden waren. Der Reporter Stuart Pettingell, der erst am 6. April nach Harrisburg kam, berichtete überrascht: „Wir erwarteten eine Geisterstadt mit verlassenen Straßen. Stattdessen stießen wir überall in der Stadt auf ganz gewöhnlichen Geschäftsbetrieb".

Am 4. März meldete die *New York Daily News*: „Nukleare Krise: Schwangere Frauen und Kinder fliehen die nuklearverseuchte Zone, Tausenden befahl man, zu Hause zu bleiben, Furcht vor einem Durchschmelzen des Reaktorgefäßes breitet sich aus." Auch diese Meldung blieb unwidersprochen. In der *New York Post* hieß es: „Wettkampf gegen das Durchschmelzen des Reaktorgefäßes, Wissenschaftler kämpfen gegen das drohende Aufschmelzen". Inzwischen war der Reaktor auf unter 140 Grad Celsius abgekühlt. Das hinderte die *New York Times* nicht, am 1. April zu melden: „Evakuierung eines größeren Einzugsbereichs wird möglich, wenn die Bedrohung bestehen bleibt". Und die *Washington Post*: „Das Risiko wächst, daß das Kernkraftwerk explodiert". Und am Tag danach die *New York Daily News*: „Entscheidendes Manöver, um die Gefahr der Gasblase im Reaktor zu mindern. Vielleicht müssen 600 000 evakuiert werden, wenn das Manöver mißlingt."

Die Medien hatten das nahe Durchschmelzen des Reaktorkerns, die Bildung einer explosiven Wasserstoffblase im Reaktor und die radioaktive Wolke über Harrisburg schlichtweg erfunden. Genauso falsch waren Berichte, welche die Evakuierung schwangerer Frauen aus dem Unfallgebiet ankündigten und behaupteten, man habe versucht, den Unfall zu vertuschen. Die Reaktion der Medien bestätigte die zynische Maxime: Wahrheit ist, woran man die Bevölkerung glauben macht.

Ein Zufall der Politik?

Mit dem Reaktorunfall von Harrisburg fiel ein politsches Ereignis zusammen, welches der Aufmerksamkeit der meisten Beobachter entging. Am 19. Juni 1978 forderte Präsident Carter mit einer Executive Order die Errichtung einer Bundesnotstandsbehörde namens FEMA (Federal Emergency Management Agency), die unmittelbar dem Rat für Nationale Sicherheit unterstehen sollte. Der Plan dazu war von Samuel Huntington ausgearbeitet worden, der für die *Trilaterale Kommission* eine Abhandlung über die „Krise der Demokratie" geschrieben hatte. In dieser Schrift behauptet Huntington, demokratische Einrichtungen seien unfähig, mit einer drohenden, ernsthaften Wirtschaftskrise fertig zu werden. Ein Szenario, das Huntington diesem „Kursbuch" für die Gründung der FEMA beigegeben hatte, ähnelt weitgehend dem Unfallverlauf in Harrisburg.

Die FEMA sollte ursprünglich erst am 1. April 1979 ihre Arbeit aufnehmen. Aus unerfindlichen Gründen wurde ihre Einsetzung auf den 27. März vorgezogen: Der 27. März war genau der Tag des Unfalls in Harrisburg. Tatsächlich hat diese Behörde dann auch den Unfall in Harrisburg nach dem vorbereiteten Szenario „gemanagt". Die Atomkontrollbehörde (Nuclear Regulatory Commission) wickelte im Auftrag der FEMA nur noch die Öffentlichkeitsarbeit ab.

Absolut unfallsichere Kernkraftwerke

Heutige Kernkraftwerke sind sicher, und ein Super-GAU wie in Tschernobyl kann nur vorkommen, wenn zwei Dinge zusammentreffen: Konstruktionsprinzipien, die sich nicht primär an der friedlichen Nutzung und der Sicherheit orientieren, und zweitens riesengroße Schlamperei. Allein damit, daß Kernkraftwerke unter diesen Vorbehalten absolut sicher sind, darf man sich jedoch nicht zufrieden geben. Wenn man zum Beispiel an den massiven Einsatz von Kernkraft in der ganzen Welt, insbesondere in Entwicklungsländern denkt und berücksichtigt, welch schwierige Aufgabe es ist, die dazu benötigten qualifizierten Facharbeiter auszubilden, dann wird man natürlich nach Reaktortypen und Konstruktionen Ausschau halten, die besonders sicher sind und ein Höchstmaß an Bedienungsfehlern aushalten. Auch die Lösung dieser Frage ist bereits möglich.

Unter dem Begriff „inhärente" Sicherheit, wurden in den letzten Jahren eine Reihe unterschiedlicher Reaktoren entwickelt, die selbst bei schwersten Störfällen ohne aktive Notkühlungsmaßnahmen sicher heruntergefahren und notgekühlt werden können. Technisch ist das kein Problem. Man muß an den Reaktorkern nur ein ausreichendes Kühlmittelreservoir ankoppeln, welches selbst bei einem Unfall ausreicht, den Reaktor ohne Zuschalten von Pumpen zu kühlen. Dazu muß man die Reaktoren kleiner machen als die heute gebräuchlichen, oder man muß die Leistungsdichte reduzieren. Beides macht das Kernkraftwerk erst einmal teurer. Da man jedoch einen großen Teil der komplizierten und teuren Sicherheitstechnik aufgrund der inhärenten Sicherheit wieder einsparen kann, wird das Kraftwerk insgesamt nur unwesentlich teurer. Die Energie aus einem solchen robusten und umweltschonenden Kernkraftwerk ist dann vielleicht nicht ganz so billig wie aus einem Großkraftwerk heutiger Bauart, aber billiger als aus einem Kraftwerk, das mit Kohle, Öl, Gas, Wind- oder Sonnenenergie betrieben wird, ist sie allemal.

In der Bundesrepublik wurde mit dem Kugelhaufen-Hochtemperaturreaktor ein Reaktortyp entwickelt, der für Entwicklungsländer wie geschaffen ist. Dieser Reaktor kann vor allem nicht nur Strom erzeugen, sondern auch Prozeßwärme. Im Kernforschungszentrum in Jülich, wo dieser Reaktor unter Leitung von Professor Rudolf Schulten entwickelt wurde, hat man mit solchen schon Unfälle simuliert. Man hat den Kühlkreislauf des Testreaktors einfach abgeschaltet und keinerlei Notkühlmaßnahmen ergriffen. Da die Keramikeinhüllung des Brennstoffs in den Brennelementen des Kugelhaufen-Hochtemperaturreaktors viel höhere Temperaturen aushält als die Stahlhüllen normaler Reaktoren, passierte gar nichts. Die Temperatur stieg zwar an. Aber die natürliche Konvektion des Kühlmittels — bei diesem Reaktor das Edelgas Helium — führt die Wärme schnell genug ab. Als nach einem Tag überhaupt nichts geschehen war und der Reaktor sich langsam von selbst unter das Niveau normaler Betriebstemperaturen abgekühlt hatte, brach man das Experiment ab. Außerdem wird der Kugelhaufen-Hochtemperaturreaktor in einen meterdicken, integrierten Spannbetonbehälter eingebaut, der von vorneherein allen erdenklichen Einwirkungen von außen standhält. Bei derartigen inhärent sicheren Kernkraftwerken kann man nur sagen: „Ade Super-GAU!“

11. Kapitel

Strahlende Zukunft?

Einer der wichtigsten Vorbehalte gegen die friedliche Nutzung der Kernenergie ist die Radioaktivität. Man kann sie nicht schmecken, fühlen oder sehen. Deshalb merken wir auch nicht, daß wir seit unserer Geburt von radioaktiver Strahlung umgeben sind. In hoher Intensität ist radioaktive Strahlung jedoch gefährlich und auch tödlich. Es handelt sich bei Radioaktivität um Energie, die in unterschiedlicher Form beim Zerfall von Atomkernen frei wird. Der Kernzerfall tritt in der Natur auf, im Kernreaktor wird er absichtlich hervorgerufen. Die Kernkraftgegner versuchen, den Kernzerfall und die radioaktive Strahlung immer als etwas Mystisches und Unnatürliches darzustellen. Das ist Unsinn. Der Kernzerfall kommt überall in der Natur vor und nimmt mit zunehmendem Alter der Erde ab. Vor Jahrmillionen, als die Erde noch jung und frisch war, herrschte eine viel höhere „natürliche" Radioaktivität als heute. Weniger Kernspaltung ist sozusagen ein Altersgebrechen unseres Planeten.

Entdeckt haben wir die Radioaktivität erst im Jahre 1895, seither wurde sie intensiv erforscht. Seit 1928, also lange vor dem Bau des ersten Kernkraftwerks, bemühten sich zahlreiche internationale Konferenzen um den Strahlenschutz. Man hat für den Strahlenschutz Meßmethoden entwickelt, die alle bisher bekannten chemischen und physikalischen Nachweismethoden in den Schatten stellen. Der seit 1928 bekannte Geigerzähler schlägt noch an, wenn ein Gramm radioaktiver Kohle in 1700 Tonnen Kalk verteilt ist. Ein quadrillionstel Gramm an radioaktivem Natrium kann man heute schon nachweisen.

Allein die Tatsache, daß irgendwo radioaktive Strahlung festgestellt wird, ist nichts Besonderes. Es kommt allein auf die Dosis an. Man mißt die Wirkung von Strahlung auf lebendes Gewebe in „rem", wobei die Angaben meist in tausendstel rem, d.h in mrem (millirem) gemacht werden. Von den Atombombenabwürfen am Ende des Zweiten Weltkrieges weiß man, daß die Hälfte der Menschen, die der extremen Dosis von 600 000 mrem ausgesetzt waren, nicht mehr als 14 Tage überlebten. Bei einer Dosis von 100 000 mrem zeigen sich Krankheitssymptome, und nach deren Heilung treten Nachwirkungen auf sowie eine erhöhte Krebsanfälligkeit. Bei einer Dosis von 30 000 mrem sind nach den vorliegenden ärztlichen Befunden keine Folgeschäden und auch keine Langzeitwirkungen festzustellen. Man befürchtete aber auch, daß schon geringste Dosen in Keimzellen Genmutationen hervorrufen und so die Erbsubstanz schädigen. Diese Befürchtung konnte aber bisher noch nicht wissenschaftlich bestätigt werden.

Inwieweit radioaktive Strahlung im Bereich von einigen Millirem Körperzellen überhaupt schwächt und möglicherweise Krebswucherungen begünstigt, ist völlig unbekannt. Alle Angaben über „zusätzliche Krebstote aufgrund von erhöhter Strahlung" in diesem Bereich sind reine Rechenwerte. Sie beruhen auf unbewiesenen Annahmen. Weil man die mit geringen Dosen verbundenen biologischen Vorgänge nicht durchschaut, hilft man sich im Strahlenschutz mit einer hypothetischen Konstruktion. Man ermittelt statistisch die Wahrscheinlichkeit, mit der einer hohen Strahlungsexposition eine Krebserkrankung folgt und errechnet daraus eine durchschnittliche Krebsgefährdung auch bei geringerer Strahlung unter der zusätzlichen Annahme, daß auch die geringste von Null verschiedene Strahlung noch eine krankmachende Wirkung hat. Wer aus dieser hypothetischen Berechnung „zusätzliche Krebstote" ableitet, argumentiert genauso „wissenschaftlich" wie einer, der behauptet, weil die Einnahme von 100 Aspirintabletten in 100 Prozent der Fälle tödlich wirkt, müsse bei Einnahme einer Tablette statistisch gesehen wenigstens jeder Hundertste an Arzneimittelvergiftung sterben.

Dieser mißverständliche Gebrauch der im Strahlenschutz angewandten Methode macht es unmöglich, einen Grenzwert des „Zumutbaren" festzulegen. Denn wer sollte behaupten, auch nur ein einziger „zusätzlicher" Krebskranker sei „zumutbar"? Auf dem Mißbrauch der Beurteilung geringer Strahlendosen bauen zwei Arten von Protestliteratur auf. Die eine behauptet schlichtweg, in der Nähe von Kernkraftwerken erkrankten vor allem Kinder vermehrt an Leukämie und anderen Formen des Karzinoms. Keine dieser „Untersuchungen" hielt bisher einer Nachprüfung stand. Die andere verzichtet auf dergleichen und wendet sich strikt dagegen, überhaupt ein zusätzliches Risiko in Kauf zu nehmen.

Wie stark strahlen Kernkraftwerke?

Die Grenzwerte für die zusätzliche Strahlenbelastung der Bevölkerung wurden deshalb sehr niedrig angesetzt, weil man noch nicht genau weiß, ob und wie sie mit biologischen Vorgängen zusammenwirken, welche Krebs erzeugen. Man tat das also vorsorglich. Es ist jedoch dumm oder unredlich, wenn man dieses Vorsorgeargument umkehrt und auf die niedrigen Grenzwerte hinweist, um die angebliche Gefährlichkeit der Kernenergie zu beweisen. Personen, die beruflich mit radioaktiver Strahlung zu tun haben, dürfen pro Jahr nicht mehr als 5000 mrem aufnehmen. Bei Personen, die nur gelegentlich der Strahlung ausgesetzt werden, darf die Dosis 15000 mrem pro Jahr nicht überschreiten. In schweren Notfällen, wenn es um Lebensrettung bei einem Unfall geht, dürfen die Retter kurzfristig eine Dosis von 100 000 mrem bezogen auf den ganzen Körper und von zusätzlich 200 000 mrem an Händen und Füßen aufnehmen. Die Strahlenbelastung der allgemeinen

Bevölkerung darf im Jahr die ohnehin vorhandene Hintergrundstrahlung nur um 170 mrem überschreiten.

Kernkraftwerke werden nicht genehmigt, wenn dadurch die normale Strahlenbelastung an irgendeiner Stelle um 30 mrem pro Jahr angehoben würde. Da dieser Maximalwert nicht an jeder Stelle erreicht wird, errechnet man für die durchschnittlich zulässige Belastung im Umkreis von Kernkraftwerken den Wert von 1 mrem pro Jahr. Tatsächlich geben Kernkraftwerke aber weniger Radioaktivität ab, als es dieser Grenzwert erlaubt. Wie gering dieser Grenzwert ist, kann man am Vergleich mit der Strahlenbelastung eines ganz normalen Kohlekraftwerks beurteilen. Außer Staub und Ruß kommt aus den Essen eines Kohlekraftwerks von 1000 Megawatt Leistung (das entspricht etwa der Leistung eines modernen Kernkraftwerks) radiaoaktive Strahlung, die dadurch zustandekommt, daß radioaktive Elemente freigesetzt werden, die in der verbrannten Kohle enthalten sind. Zum Beispiel gelangen radioaktives Blei-210 und Radium-226 in die Atmosphäre. Das führt zu einer durchschnittlichen Strahlenbelastung von 19 mrem pro Jahr. Ein Kohlekraftwerk hätte also keine Chance, die Auflagen des Strahlenschutzes für Kernkraftwerke zu erfüllen, denn es verursacht in seiner Umgebung fast die zwanzigfache Strahlenbelastung, die für Kernkraftwerke erlaubt ist.

Doch auch die 19 mrem pro Jahr des Kohlekraftwerks sind unerheblich. Sie verschwinden im Vergleich mit den Schwankungen, welche die natürliche Strahlung unserer Umgebung aufweist. Die natürlich vorhandene radioaktive Strahlung setzt sich aus der sogenannten Höhenstrahlung von etwa 35 mrem pro Jahr, der Strahlung aus Nahrungsmitteln von etwa 20 mrem pro Jahr und der natürlichen Strahlung des Erdreichs zusammen. Gerade bei den „terrestrischen“ Strahlenbelastungen können je nach Wohngegend erhebliche Unterschiede auftreten. In Frankfurt beträgt sie etwa 30 mrem pro Jahr, im Harz 100 mrem pro Jahr, am Kaiserstuhl 150 mrem pro Jahr und im Schwarzwald

	pCi/kg
Uranmineral	23 520 000
Mineraldünger (27% K_2O)	169 980
Armbanduhr-Leuchtziffern	151 490
Braunkohle	15 700
Getrocknete Bohnen	11 880
Salatöl	4 900
Kartoffeln	3 720
Brot	1 890
Milch	1 270
Meerwasser	350
Bier (mit 4% Alkohol)	130
Flußwasser	10 – 100
Städtisches Trinkwasser	20

Hingegen z. B.

Betriebsabwasser des österreichischen Atomforschungszentrums Seibersdorf	292 pCi/kg/Jahr
Kühlwasser von Kernkraftwerken	1–10

Abbildung 11.1: Die Radioaktivität verschiedener Stoffe

beim anerkannten Kurort Menzenschwand sogar 1800 mrem pro Jahr.

Damit wird aber noch nicht der höchste natürliche Wert erreicht. In Kerala an der Westküste Indiens werden Werte bis zu 2600 mrem pro Jahr gemessen und an der Atlantikküste Brasiliens sogar bis zu 8700 mrem pro Jahr. Die Bewohner dieser Gegenden wurden natürlich in ganz besonderer Weise medizinisch untersucht, um an ihnen die statistischen Methoden, nach denen die Krebsgefährdung ermittelt wird, zu überprüfen: bisher ohne Ergebnis. Im Gegenteil, in Gegenden mit ungewöhnlich hoher Radioaktivität kommt es zu auffallend wenigen Krebserkrankungen. Es finden sich sogar Anzeichen höherer Gesundheit der dortigen Bevölkerung. Dort heilen Wunden deutlich rascher, und die Menschen scheinen gegen bestimmte Ansteckungskrankheiten widerstandsfähiger zu sein.

Professor Luckey von der Universität Missouri-Columbia hat solche Beobachtungen zum Anlaß genommen, die

Wirkung schwacher radioaktiver Strahlen in Tier- und Pflanzenversuchen zu untersuchen. Er entdeckte dabei die stimulierende Wirkung radioaktiver Strahlung auf Wachstumsprozesse unterschiedlicher Art. Eine seit langem bekannte Erscheinung ist zum Beispiel der „grüne Ring" um die Zielgebiete von überirdischen Atomtests. Schon bei den ersten Atombombentests beobachtete man, daß in einer bestimmten Entfernung zum Zentrum der Explosion im nächsten Frühjahr die Pflanzen besonders gut wuchsen. Man erhielt also folgendes Bild: Im Testzentrum wurde die Vegetation völlig zerstört, mit wachsender Entfernung erholte sie sich wieder, dann kam der „grüne Ring" mit besonders starkem Wachstum und noch weiter weg stellte sich die Vegetation wieder auf das normale Wachstum ein. Der innerste und äußerste Bereich bieten keine Überraschung: Hohe radioaktive Strahlung zerstört, keine Strahlung verändert nichts. Aber der mittlere Bereich des grünen Rings ist überraschend. Die leicht erhöhte radioaktive Strahlung hat dort offenbar das Wachstum gefördert und den Pflanzen gut getan.

Bei der radioaktiven Bestrahlung des Saatgutes verschiedener Pflanzen wurde die Steigerung der Ernteerträge bis zu 30 Prozent festgestellt und bei primitiven Lebewesen eine Steigerung der Vermehrungsfähigkeit und Lebensdauer bis zu 100 Prozent. Erstaunlich ist auch, daß eine Studie in den Vereinigten Staaten zeigt, daß ausnahmslos in allen Gebieten mit erhöhtem natürlichen Strahlungshintergrund weniger bösartige Krebserkrankungen auftraten als im Durchschnitt. Legt das nicht die Schlußfolgerung nahe, daß eine geringe Anhebung des Strahlungshintergrundes, etwa wie er in der Bundesrepublik nach dem Reaktorunfall von Tschernobyl aufgetreten ist, gesund ist, weil er die Zahl der Krebstoten senken wird? Endgültig kann man diese Frage heute nicht beantworten. Es sollte jedoch zu denken geben, daß gerade Wissenschaftler wie der Münchner Professor Felix Wachsmann, die ihr ganzes Leben dem Strahlenschutz gewidmet haben und immer vor dem leichtfertigen Umgang mit strahlenden Substanzen gewarnt haben, heute besonders auf diese Arbeiten von Professor Luckey hinweisen und vor übertriebener Strahlenangst warnen. Eines ist gewiß: Strahlenhysterie verleitet genau wie Leichtfertigkeit zu falschem und letztendlich gesundheitsschädlichem Verhalten.

Bei nüchterner Betrachtung der radiologischen Gefahren von Kernkraftwerken bleibt von all den Horrormeldungen der Kernkraftgegner nichts übrig. Warum geben sie nicht zu, daß es ihnen in Wirklichkeit gar nicht um die Sicherheit von Kernkraftwerken geht? Warum nennen sie nicht ihre wirklichen Gründe für den Kampf gegen die friedliche Nutzung der Kernkraft?

Hypothek für kommende Generationen?

Kernkraftgegner stellen sich selbst gerne als besonders weitblickende und moralische Menschen dar, ja manchmal sind sie geradezu von der Heilsidee besessen, als müßten sie allein das Überleben zukünftiger Generationen sichern. Aber werden sie diesem Anspruch wirklich gerecht? Sind ihre Argumente so gut durchdacht und wohlbegründet, daß sie es wagen dürfen, nicht nur für die heutige, sondern auch für künftige Generationen zu sprechen? Wohl kaum! In Wirklichkeit richten ihre Forderungen nach „Lebensqualität statt materiellem Reichtum" in einer Welt des Hungers, der Not und des Energiemangels schlimmen Schaden an.

Wenn es um die Rettung zukünftiger Generationen geht, dann tauchen in der Kernenergiedebatte immer die Worte „Endlagerung" und „Abfallproblem" auf. Die Kernenergie schaffe ein gefährliches Problem, weil „Unmengen von radioaktivem Abfall erzeugt" werden, die eine „unverantwortbare Bürde für künftige Generationen" seien. Typisch ist die Schlagzeile in *Der Spiegel* vom Juni 1975 „Atommüll: Problem für 25 000 Generationen". Wer möchte das verantworten?

Millirem pro Jahr			
naturbedingt		vom Menschen ausgelöst	
Höhenstrahlung	35	Eine Röntgenuntersuchung	50
Strahlung der Baustoffe	34	5000 km Düsenflug	5
Nahrungsmittelstrahlung	25	Farbfernsehen	1
Bodenstrahlung	11	In Kernkraftwerksn. wohnen	0,1
Radioaktivität der Luft	5	Nuklearbelastung insgesamt	0,01
	110		56,11

Aber diese naturbedingte Strahlung variiert in Millirem zwischen

Dallas, Texas	53
New York, N.Y.	93
Rolesville, N.C.	175

Abbildung 11.2: Naturbedingte und vom Menschen ausgelöste Strahlung

Es braucht keiner zu verantworten, denn „für 25 000 Generationen" gibt es das Problem nicht. Geht man davon aus, daß den „abgebrannten" Brennelementen vor ihrer Endlagerung das noch brauchbare Uran und Plutonium in Wiederaufarbeitungsanlagen entzogen wird, dann strahlt der endgelagerte Kernkraftwerkabfall bereits nach 600 bis 700 Jahren, also nach etwa 20 bis 24 Generationen, nur noch so stark wie ein normales Uranerzlager, aus dem wir den Brennstoff ursprünglich gewonnen haben. Bereits nach weniger als 25 Generationen, und nicht erst nach 25 000 Generationen, ist das Problem nicht größer als das Problem, welches uns „Mutter Natur" durch natürlich vorkommende Uranerze ohnehin „aufbürdet", und es bestätigt sich der Verdacht, daß es in der Redaktion von *Der Spiegel* drei Nullen zuviel gibt.

Es wird zwar immer darauf hingewiesen, wie gefährlich der hochradioaktive Abfall von Kernkraftwerken ist; verschwiegen wird jedoch, daß es sich im Vergleich zu allen anderen bekannten Abfallmengen um sehr kleine Mengen handelt, die deshalb auch sehr sorgfältig und sicher gehandhabt werden können. Für jede erzeugte Kilowattstunde elektrischer Energie entsteht bei der Kernenergie nur ein Achtzigtausendstel an Abfall als in Kohlekraftwerken, das entstehende Kohlendioxyd ist dabei natürlich nicht mitgerechnet.

Es wird immer darauf hingewiesen, daß die Kernkraftwerksabfälle sehr stark strahlen und im gleichen Atemzug wird davon gesprochen, wie lange es dauert, bis diese Abfälle sich durch den radioaktiven Zerfall abbauen. Beides für sich genommen ist zwar richtig, aber in dieser oft gebrauchten Zusammenstellung ergibt sich ein ganz falsches Bild. Stark radioaktive Substanzen zerfallen nämlich sehr rasch. Die starke Strahlung ist gerade ein Merkmal ihres raschen Zerfalls. Als Maß für die Zerfallsgeschwindigkeit nimmt man die Halbwertszeit, das ist die Zeit, in der die Hälfte der Atomkerne einer Substanz zerfallen. Polonium-213 strahlt sehr stark, seine Halbwertszeit liegt bei einer viermillionstel Sekunde; in Nullkommanichts ist das Polonium-213 verschwunden. Es kommt deshalb nirgends in der Natur vor. Bei Uran-238 ist die Halbwertszeit 4,5 Milliarden Jahre, pro Zeiteinheit zerfällt nur ein ganz geringer Teil des Urans, das ist der Grund, warum man dieses Uran gefahrlos in die Hand nehmen kann.

Wie strahlt gebrauchter Kernbrennstoff?

Für die stark strahlenden Brennelemente aus Kernkraftwerken sieht die Sache so aus: Zunächst werden sie aus dem Reaktor genommen und in einen Behälter im Kernkraftwerk gelagert. Sie bleiben dort mindestens sechs Monate. Da der größte Teil der Spaltprodukte Halbwertszeiten von Minuten, Stunde oder Tagen hat, ist nach dieser Abklingphase die Radioaktivität auf ein Hundertstel bis ein Tausendstel des ursprünglichen Wertes zurückgegangen. Ein typisches Beispiel ist das Jod-131, welches nach dem Unfall von Tschernobyl in aller Munde war. Es hat eine Halbwertszeit von acht Tagen. Nach einem halben Jahr ist nur noch ein Zehnmillionstel davon da; das heißt, diese strahlende Substanz existiert praktisch nicht mehr, sie hat sich im Verlauf dieses halben Jahres verstrahlt.

Bevor die radioaktiven Abfälle endgelagert werden, wird in der Wiederaufarbeitungsanlage Uran und Plutonium abgetrennt. Dann werden sie in flüssiger Form in Behältern gelagert. Das macht man, weil sie nun immer noch Nachwärme abgeben, die bei Flüssigkeiten besser nach außen abgegeben werden kann als bei Körpern in festem Zustand. Das deutsche Entsorgungskonzept sieht vor, daß der Abfall dann zu Glas verwandelt wird. Das hat folgenden Grund. Wenn man die Abfälle danach etwa 1000 Meter tief in die Erde lagert, können sie nur wieder an die Oberfläche gelangen, indem sie in Wasser aufgelöst werden und mit dem Wasser an die Erdoberfläche steigen. In glasförmigem Zustand sind die Abfälle jedoch sehr schlecht wasserlöslich. Wir trinken Tee, Wein und andere Getränke ja gerade deshalb aus Gläsern, weil Glas extrem wasserunlöslich ist und deshalb in den Getränken nicht die geringsten Stoffe lösen können, welche den Geschmack verändern oder gar verderben könnten.

Die etwa zentimetergroßen Glaslinsen werden in Beton eingegossen und in verkupferte Edelstahlkanister gefüllt. So werden sie in Bergwerksschächten abgelagert. Nach schwedischen Untersuchungen sollen solche Behälter in einer Granit-Urgesteinumgebung eine Million Jahre aushalten. Würden sie verletzt, verhinderte die Glasstruktur, daß Radioaktivität in Luft, Wasser oder Erde entweichen kann. In der Bundesrepublik hat man Salzschichten für das Endlager vorgesehen. Wo in der Erde Salz vorkommt, da gab es in erdgeschichtlichen Zeiten garantiert kein Wasser, sonst hätte es nämlich das Salz gelöst und dieses wäre nicht mehr da.

Ein Mengenvergleich

In einem Kernkraftwerk von 1000 Megawatt elektrischer Leistung werden etwa 30 Tonnen Uran im Jahr verbrannt.

In einem Kohlekraftwerk gleicher Leistung verfeuert man im Jahr etwa 2,5 Millionen Tonnen Kohle, das ist mengenmäßig das 83 000fache. Wie setzt sich der Abfall des Kernkraftwerkes nun zusammen? Die 30 Tonnen Brennstoff enthielten 990 kg Uran-235, davon sind 750 kg „verbrannt" und 240 kg übrig geblieben. Von den 29010 kg Uran-238 sind noch 28350 kg vorhanden. Es haben sich 270 kg Plutonium gebildet, wovon nur 180 kg spaltbar sind, und 960 kg Spaltprodukte verschiedenster Art sowie 30 kg Uran-236 und knapp 30 kg an Zerfallsprodukten des Urans und Plutoniums, wie Americum, Curium, Neptunium. Wirklicher Abfall ist also nur 1110 kg, wenn man davon ausgeht, daß man die noch brauchbaren 240 kg Uran-235, die 28 350 kg Uran-238 und die 180 kg Plutonium durch Wiederverarbeitung wiedergewinnt und rezykliert. Mengenmäßig ist der hochradioaktive Abfall weniger als ein Zweimillionstel des Abfalls eines Kohlekraftwerkes.

Die Abfälle von Kohlekraftwerken strahlen zwar nicht, aber ganz unproblematisch sind sie auch nicht. Zwar werden in letzter Zeit Wunderdinge von neuen Filtersystemen berichtet. Sie verschlingen dafür auch bis zu einem Drittel der gesamten Anlagekosten von Kohlekraftwerken und können theoretisch bis zu 99 Prozent des Staubes, 90 Prozent der Schwefeloxyde und 80 Prozent der Stickoxyde auswaschen. In Realität wurden diese Werte bisher noch nicht erreicht, es bleibt also ein beträchtlicher Anteil der Gifte in der Luft. Aber auch das Filtergut oder die Asche bleiben zurück und müssen „entsorgt" werden. Schon beim Antransport der 2,5 Millionen Tonnen Kohle, die zur Erzeugung von 1000 Megawatt nötig sind, werden 834 t Kohlestaub in die Luft geblasen. Die Sulfatmenge, die durch die Witterung aus dieser Kohle ins Grundwasser ausgewaschen wird, ist erheblich. An den Filtern entsprechender Kohlekraftwerke bleiben rund 250 000 t Abfall hängen. Dieser Filterstaub enthält auch radioaktive Stoffe wie Kalium-40, Kohlenstoff-14, Radium-226 und Blei-210. Darüberhinaus gibt das Kohlekraftwerk Gifte ab, so bleiben 1,3 bis 3,4 kg Arsen im Filter zurück, während 8 kg in der Asche davonfliegen. Auch 340 bis 1650 g Cadmium bleiben im Filterrückstand, dazu Schwermetalle wie 534 kg Chrom, 16,5 bis 45 kg Blei, 25 bis 118 kg Mangan und etwa 20 kg Quecksilber.

Nicht herausgefiltert werden Spuren von organischen Stoffen und zahlreiche Aromate, darunter vor allem die hoch krebserregenden Benzpyrene. Eine Konzentration dieser Stoffe von 2 Nanogramm pro Kubikmeter Luft entspricht einem Dosisäquivalent von 240 mrem pro Jahr. In industriellen Ballungsgebieten der Bundesrepublik besteht heute dadurch eine Belastung der Luft, die, wenn man sie entsprechend der Vorschriften bei Kernkraftwerken kalkuliert, ein Dosisäquivalent von 50 000 mrem pro Jahr erreicht. Zur Erinnerung: Bei Kernkraftwerken ist nur eine radioaktive Umweltbelastung von 1 mrem pro Jahr erlaubt.

Es geht bei diesem Mengenvergleich nicht darum zu beweisen, wie gefährlich Kohlekraftwerke sind. Keiner braucht beim Anblick eines Kohlekraftwerks vor Angst in Ohnmacht zu fallen, aber beim Anblick eines Kernkraftwerks eben auch nicht. In beiden Fällen gibt es ein Abfallproblem, in beiden Fällen ist es sehr unterschiedlich, aber in beiden Fällen ist es sicher lösbar.

Fundgrube Kernkraftabfall

Es gibt gute Gründe dafür, den Abfall von Kernkraftwerken nicht sofort endzulagern, sondern einige Zeit in Bunkern aufzubewahren. Nicht nur, weil wegen sinkender Uranpreise die Wiederaufarbeitung augenblicklich nicht so wirtschaftlich ist, wie vor einem Jahrzehnt angenommen, das wird sich bei einem sinnvollen Ausbau der Kernenergie in der Welt bald wieder ändern; sondern weil sich in diesen Abfällen eine Reihe sehr interessanter Stoffe befinden, welche wir für zukünftige Generationen bereithalten sollten, anstatt sie unwiederbringlich in der Erde zu vergraben. Darunter finden sich Substanzen, für die auf dem Weltmarkt hohe Preise bezahlt werden. Verschiedene Isotope, die auch in den Abfällen von Kernkraftwerken enthalten sind, werden nämlich schon heute zur Werkstoff- und Schweißnahtprüfung, im medizinischen Bereich zur Krebsbehandlung oder Sterilisierung von Bestecken benutzt. Zahlreiche weitere sinnvolle Nutzungsmöglichkeiten sind bekannt.

Durch radioaktive Bestrahlung von Lebensmitteln können diese ohne Zusätze von Chemikalien haltbar gemacht werden. In einigen Ländern wie Japan, Israel, der Sowjetunion und den Vereinigten Staaten werden diese Verfahren bereits angewandt. Die Europäische Gemeinschaft hat die Bestrahlung von zwölf Nahrungsmittelarten vorgeschlagen, wogegen alle Parteien im Bundestag Einspruch erhoben haben. Eine weitere Anwendung von Radioisotopen ist die Hygienisierung von Klärschlamm. Damit können die darin enthaltenen gefährlichen Krankheitserreger abgetötet werden, ohne die wertvollen organischen Inhaltstoffe zu zerstören. Heute wird bei der Bestrahlung meist mit einer Quelle aus dem radioaktiven Isotop Kobalt-60 oder mit Elektronenstrahlen gearbeitet. Kobald-60 muß durch Bestrahlung von Kobald-59 in Candu-Reaktoren hergestellt werden, und Elektronenbeschleuniger erfordern hochqualifiziertes Wartungspersonal. Ganz umsonst entstehen in Kernreaktoren die Spaltprodukte Cäsium-134 und Cäsium-137, sowie Strontium-90. Im Zuge der Wiederaufarbeitung könnten sie Kobalt-60 problemlos und billig ersetzen. Es gibt viele Anwendungen von Radioisotope, die man aus abgebrannten Kernbrennstoffen gewinnen und rezyklieren kann. Ein bekanntes Beispiel ist die Verwendung einiger Aktiniden für thermoelektrische Batterien, wie sie in der Raumfahrt verwendet werden oder in abgelegenen Wetter- und Navigationsstationen.

Was heute oft leichtfertig als „unzumutbare Hypothek" an künftige Generationen hingestellt wird, werden genau diese künftigen Generationen möglicherweise als Rohstofflager von höchst interessantem Nutzen ansehen.

12. Kapitel

Malthus: damals und heute

Nullwachstümler, Grüne und Umweltschützer berufen sich auf Thomas Robert Malthus als ihren großen geistigen Vorfahren. Oft bezeichnen sie sich sogar ausdrücklich als „Malthusianer". Jay W. Forrester, der Autor des Weltmodells *Grenzen des Wachstums*, welches vom *Club von Rom* Anfang der siebziger Jahre in millionenfacher Auflage weltweit verbreitet wurde, zollt Malthus großes Lob: „Die wesentlichen Schriften von Malthus sind sorgfältig konstruiert und gut dokumentiert; und die Argumente von Malthus waren richtig, als er sie machte, sie waren es seither und sie stimmen heute noch." Wenn das so ist, dann lohnt es sich, die großen Leistungen dieses hoch gerühmten Thomas R. Malthus einmal genauer zu betrachten.

Berühmt wurde Malthus durch ein einziges Buch, seinen 1798 in London veröffentlichten *Essay über die Prinzipien der Bevölkerung*. Schlagartig wurde dieses Buch verbreitet und diskutiert, genau wie wir das von den Schriften des *Club von Rom* kennen. Geniale und völlig neue Ideen können es jedoch auch bei Malthus nicht gewesen sein, welche dem Autor zu dieser plötzlichen Berühmtheit verhalfen, denn was er da sagte, war gar nicht neu. Die entscheidenden „zwei Postulate" seines Bevölkerungsgesetzes waren schon zwei Jahrhunderte zuvor von dem Italiener Giovanni Botero aufgestellt worden. Botero sagte nämlich schon, was Malthus zweihundert Jahre später wiederholte, daß nämlich die Bevölkerungszahl von zwei einander entgegengesetzten Faktoren abhänge: erstens von der Fortpflanzungsfähigkeit und zweitens der Ernährungsmöglichkeit. Im Unterschied zu Malthus sah Botero jedoch Bevölkerungswachstum als etwas Positives an, und für ihn gab es kein zwangsläufiges Problem der „Überbevölkerung". War das vielleicht die entscheidende Neuentdeckung des Vorfahren der heutigen Nullwachstümler? Gewiß nicht, denn auch diese negative Einstellung zum Bevölkerungswachstum und der Begriff der Überbevölkerung sind keine originellen Ideen von Malthus. Den Begriff der Überbevölkerung findet man bereits zweihundert Jahre vor Malthus bei dem Engländer Richard Hakluyt und auch bei dem englischen Seefahrer Sir Walter Raleigh. Wenn es nicht die neuen Ideen seines Werkes waren, was in aller Welt hat Malthus dann so berühmt gemacht? Um das zu verstehen, muß man sich die politische Situation vor Augen führen, in der sein Buch über *Das Bevölkerungsgesetz* erschien.

Die Rechtfertigungskrise

Im Jahre 1776 hatten die amerikanischen Kolonien ihre Unabhängigkeit von der britischen Krone erklärt. Die Truppen der mächtigen Kolonialmacht, denen es ein Leichtes hätte sein sollen, diesen „Aufruhr" niederzuschlagen, wurden 1781 von Washingtons Freiheitsarmee in Yorktown zur Kapitulation gezwungen. In den befreiten Kolonien waren bald die Folgen des Krieges überwunden, und nachdem sich die neuen *Vereinigten Staaten von Amerika* 1787 die erste von den Bürgern selbst ausgearbeitete, freiheitliche Verfassung gegeben hatten, begann ein politischer und wirtschaftlicher Aufschwung, der auf die geknechteten Völker der alten Welt wie ein mächtiger Magnet wirkte. Scharenweise brachen die Menschen auf in die neue Welt.

Die Wirtschaftsmacht der britischen Oligarchie war nicht nur durch den verlorenen Krieg gebeutelt. Für die Herren des Feudalsystems bestand die Gefahr, daß sich politische Freiheit, und vor allem die in der amerikanischen Verfassung festgeschriebene Pflicht des Staates, für das materielle

„Wohlergehen" aller seiner Bürger zu sorgen, bald auch in der alten Welt durchsetzen würden. Mit jedem Schiff aus der neuen Welt kamen die Nachrichten über wirtschaftlichen Aufschwung und Wachstum nach Europa herüber. In Frankreich tobte die Revolution und 1793 wurden dort der König Ludwig XVI. und die Königin Marie-Antoinette hingerichtet. In England stieg der Getreidepreis seit 1794 Jahr für Jahr weiter an und erreichte 1801 ein Niveau, bei dem das damalige englische „Sozialhilfesystem", welches damals noch auf dem von 1601 stammenden „Gesetz für die Unterstützung der Armen" basierte, zusammenbrach.

In dieser Zeit benötigten die Herrscherfamilien des britischen Imperiums nichts dringender als eine Rechtfertigung für ihre Existenz. Sie benötigten eine Erklärung, welche die Erfolge der neuen Welt beiseite wischte, den Anspruch auf wirtschaftliches Wohlergehen ins Reich der Utopie verwies und mit eiserner Notwendigkeit bewies, warum die unteren Klassen auf die Dauer immer arm und notleidend sein müssen. Genau diese Rechtfertigung lieferte ihnen Thomas Malthus mit seinem Buch. Malthus lieferte eine „mathematische" Ableitung dafür, daß die Vertreter der „arbeitenden Klassen arm sein müssen, einfach weil es viele sind". Das Buch kam sozusagen genau zur rechten Zeit und wurde berühmt.

Das Buch

Malthus weist in der Einleitung seines Essays zum Bevölkerungsgesetz darauf hin: „Dem Bild, das der Verfasser vom menschlichen Leben entworfen hat, ist eine melancholische Färbung eigen." Diese „düsteren Töne" seien gerechtfertigt, denn, so erklärt er gleich im ersten Kapitel, er „habe manche der Spekulationen über die Vervollkommnungsfähigkeit von Mensch und Gesellschaft mit großem Vergnügen gelesen", aber auf diesen „beglückenden Fortschritt" könne man nicht hoffen, es gibt nämlich „unüberwindliche Hindernisse, die den Weg zu seiner Verwirklichung versperren."

Kaum hat das Buch begonnen, und schon hat Malthus die „Vervollkommnungsfähigkeit von Mensch und Gesellschaft" vom Tisch gewischt. „Unüberwindliche Hindernisse" gibt es. Worin bestehen die wohl? Vielleicht in der Selbstsucht einer Adelskaste, die sich weigert, den Staat an der bestmöglichen Entwicklung aller Menschen und der Gesellschaft insgesamt auszurichten? Nein, daran denkt Thomas R. Malthus nicht. Er behauptet, „daß die Vermehrungskraft der Bevölkerung unbegrenzt größer ist als die Kraft der Erde, Unterhaltsmittel für den Menschen hervorzubringen." Es folgt sein berühmtes Gesetz: „Die Bevölkerung wächst, wenn keine Hemmnisse auftreten, in geometrischer Folge an. Die Unterhaltsmittel nehmen nur in arithmetischer Folge zu."

Das ist ein nettes Zahlenspiel, mehr aber auch nicht. Eine geometrische Folge ist zum Beispiel: 1, 2, 4, 8, 16, 32, usw. und eine arithmetische Folge ist: 1, 2, 3, 4, 5, 6, usw. Es läßt sich mathematisch zeigen, daß nach einer gewissen Anzahl von Schritten eine wachsende geometrische Folge jede arithmetische Folge übertreffen wird. Doch trifft das Zahlenspiel auch auf die Wirklichkeit zu? Ist mit diesem simplen Beispiel wirklich das Wesentliche der Menschheitsentwicklung beschrieben? Immerhin ist der Mensch das einzig vernunftbegabte Wesen, welches die Naturgesetze erkennen und durch völlig neue Technologien für seine Existenz nutzen kann. Trägt das malthusianische Rechenbeispiel, einfältig wie es ist, dem wirklich Rechnung? Natürlich nicht! Deshalb überrascht es auch nicht, daß Malthus dem Leser im gesamten Buch den Beweis für sein Gesetz schuldig bleibt. Er rechnet zwar hier und da aus, welche Bevölkerungszahlen sich bei einer Verdoppelung und Vervierfachung ergeben würden, und behauptet dann, daß sich niemand eine Vervierfachung der Nahrungsmittelproduktion vorstellen kann, aber Beweise oder historische Statistiken für seine zum „Gesetz" erhobene These legt er nirgends vor.

Dafür zieht er umso hurtiger Schlußfolgerungen aus seinem unbewiesenen Gesetz: „Die natürliche Ungleichheit, die zwischen den beiden Kräften — der Bevölkerungsvermehrung und der Nahrungsmittelerzeugung der Erde — besteht, und das große Gesetz unserer Natur, das die Auswirkungen dieser beiden Kräfte im Gleichgewicht halten muß, bildet die gewaltige, mir unüberwindlich scheinende Schwierigkeit auf dem Wege zur Vervollkommnungsfähigkeit der Gesellschaft... Deshalb scheint dieses Gesetz auch entschieden gegen die mögliche Existenz einer Gesellschaft zu sprechen, deren sämtliche Mitglieder in Wohlstand, Glück und verhältnismäßiger Muße leben."

Diese Worte von Malthus lassen nichts Gutes für die Zukunft der neuen Welt erahnen, deren Verfassung gerade diesen allgemeinen Wohlstand zum Staatsziel erklärt hatte. In der Tat kommt Malthus zu dem Schluß, daß der damals unbestreitbare Wohlstand der Bevölkerung in den Vereinigten Staaten nur von kurzer Dauer sein könne, weil dort nämlich noch reichlich Boden zur Verfügung stehe. Deswegen sei dort die naturnotwendige Armut der arbeitenden Schicht kurzfristig außer Kraft gesetzt. Malthus schreibt: „Wer sich den Glückszustand der unteren Klassen des amerikanischen Volkes vor zwanzig Jahren ins Gedächtnis ruft, wird natürlich den Wunsch hegen, sie für alle Zeit in diesem Zustand zu bewahren.., doch könnte er sich ebenso billig der Erwartung hingeben, seine Ehefrau oder seine Liebste ließe sich vor dem Altern schützen, wenn er sie niemals dem Sonnenlicht oder frischer Luft aussetze."

Nach all diesen „Beweisen" zieht Malthus endlich seine entscheidende Schlußfolgerung, nämlich „daß kein mögliches Opfer, keine Mühe der Reichen in einem schon lange bewohnten Land für eine gewisse Zeit die unteren Klassen der Gemeinschaft in eine hinsichtlich der Umstände gleiche Lage versetzen könnte, in der sich das einfache Volk in den nördlichen Staaten Amerikas vor rund 30 Jahren befand. Die unteren Klassen der europäischen Völker mögen irgendwann in der Zukunft weit besser unterwiesen sein als gegenwärtig. Man könnte ihnen beigebracht haben, die geringe Freizeit, über die sie verfügen, auf viel bessere Weise hinzubringen als in der Kneipe; sie könnten unter besseren und gerechteren Gesetzen leben, als sie es vielleicht in dem einen oder anderen Land bisher getan haben; ich halte es sogar für möglich, wenn auch nicht wahrscheinlich, daß sie über mehr Freiheit verfügen könnten. Keinesfalls liegt es aber in der Natur der Dinge, daß ihnen so viel Lohn oder Unterhaltsmittel zugebilligt werden können, daß es ihnen allen erlaubt ist, früh zu heiraten, im vollen Vertrauen darauf, ohne Mühe eine vielköpfige Familie versorgen zu können." Was kann man von einem Buch auch anderes erwarten, dessen Autor in einer Fußnote selbst zugibt: „Es darf nicht der Hinweis fehlen, daß die Hauptthese dieser Abhandlung einzig und allein die Notwendigkeit einer Klasse von Besitzenden und einer solchen von Arbeitenden zu belegen trachtet..."

Was bedeutet vor diesem Hintergrund Forresters Lobgesang auf Malthus? Ganz einfach: „Die Argumente von Malthus" waren eine Rechtfertigung dafür, einen Großteil der Bevölkerung unnötig in Armut zu halten. Genau das stimmt für „die Argumente von Malthus"; sie waren Lügen der reichen Machthaber, „als er sie machte, sie waren es seither und sie sind es heute noch." Heute wird mit Bevölkerungsexplosion, Nullwachstum, Umweltverschmutzung und Klimakatastrophe „bewiesen", daß die Bevölkerungen der armen Nationen auch in Zukunft dem ungerechten Armutsdiktat der reichen internationalen Finanzoligarchie ausgesetzt bleiben müssen.

Die East India Company

Nachdem Thomas R. Malthus so gut erklärt hatte, warum arm arm und reich reich sein müsse, warteten auf ihn größere Aufgaben. 1804 wurde Malthus zum Professor für Geschichte und politische Ökonomie am neugegründeten East India College berufen. Das war nicht irgendeine Berufung, das war etwas ganz Besonderes, denn das *East India College* war der „Thinktank" (Denkfabrik) der *East India Company*, und diese organisierte das britische Kolonialreich. Ob Opiumkrieg, Burenkrieg oder Unterwerfung Indiens, die Fäden liefen in der *East India Company* zusammen. Aus den Fehlern mit den amerikanischen Kolonien hatte man gelernt.

Vor allem mußte eine neue liberale Wirtschaftstheorie her, welche man der politischen Ökonomie entgegensetzen konnte, die sich in Nordamerika entwickelte, und mit der man den Kolonialismus auch weiterhin rechtfertigen konnte. Diese Aufgabe sollte die liberale Freihandelstheorie lösen, und die Lehre von Malthus war das geeignete Fundament dafür. Seit 1810 stand Malthus in engem Briefkontakt zu David Ricardo. Ricardo war Mitglied des Direktoriums der *East India Company*, dem „Court of Proprietors" und er gilt bis heute als der „bedeutendste Theoretiker der klassischen englischen liberalen Wirtschaftstheorie". Der „fruchtbare Gedankenaustausch" mit Malthus veranlaßte Ricardo, den Gedanken von der abnehmenden Produktivität zum Ausgangspunkt seiner Grundrententheorie zu machen. Seither ist das malthusianische Dogma zur Grundlage der liberalen Wirtschaftstheorie geworden, denn das Ricardosche Gesetz von der „Tendenz der fallenden Profitrate" ist nur eine Verallgemeinerung des malthusianischen Bevölkerungsdogmas.

Die brutale Wirklichkeit des „Freihandels" der *East India Company* war der Drogenhandel. Bereits 1830 war das Volumen des Opiumhandels größer als das jeder anderen am Welthandel beteiligten Ware, und die *East India Company* dominierte diesen Opiumhandel eindeutig. Als sich China gegen die Zerstörung seiner Bevölkerung durch diese Droge zur Wehr setzen wollte, organisierte die *East India Company* „zur Verteidigung des Freihandels" 1840 den ersten und 1859 den zweiten Opiumkrieg. Wenn heute Vertreter der liberalen Freihandelstheorie, wie der Nobelpreisträger für Wirtschaftswissenschaft Milton Friedman, die Legalisierung des Rauschgifthandels verlangen, dann tun sie das, weil sie konsequent in der Tradition von Malthus und Ricardo stehen. Sie glauben, wie Forrester, noch heute an die Gültigkeit der Theorien von Malthus, auf den sich die Nullwachstümler als ihren Vorfahren berufen.

Das malthusianische Menschenbild

Obwohl Malthus bezüglich der Vervollkommnungsfähigkeit des Menschen sehr pessimistisch ist, schließt er eine Verbesserung nicht gänzlich aus. Er setzt auf die — Eugenik, würde er sagen, falls es das Wort damals schon gegeben hätte: „Allerdings scheint es keineswegs unmöglich zu sein, daß sich mittels Züchtung ein gewisser Grad der Verbesserung, ähnlich dem bei Tieren, auch bei Menschen erreichen läßt." Gleichzeitig wendet sich Malthus entschieden dagegen, „den Menschen allzusehr unter dem Gesichtspunkt eines reinen Vernunftwesens" zu sehen. Denn, so fährt Malthus fort: „Die Begierden des Hungers, der Lust auf Branntwein, das Verlangen, eine schöne Frau zu besitzen — all dies wird einen Mann zu Handlungen veranlassen, deren unheilvolle Folgen für das Gemeinwohl der Gesellschaft ihm durchaus bewußt sind." Die „körperlichen Begierden" bestimmen den Menschen und nicht der „Schuldspruch des Vernunftwesens", und „die Laster und sittlichen Schwächen des Menschen in dieser Welt können niemals überwunden werden."

Bis heute ist es für Malthusianer kennzeichnend, daß sie den Menschen als Vernunftwesen nicht akzeptieren können. Sie müssen ihn auf seine „biologische" Existenz zurechtstutzen. Daraus entspringen ihr „melancholisches Bild" der Zukunft und die „düsteren Töne". Deshalb stellte Eduard Pestel seine Nullwachstumsstudie *Menschheit am*

Wendepunkt unter das Zitat: „Die Welt hat Krebs; und der Krebs ist der Mensch." Deshalb behauptete der Gründer des *Club von Rom* Aurelio Peccei in seiner Autobiographie: „Wenn es jemals einen häßlichen Drachen auf Erden gegeben hat — dann war es der Mensch." Deshalb behauptete der deutsche Darwinist und Malthusianer des letzten Jahrhunderts Ernst Haeckel in seinem Buch *Die Welträtsel*, der Fehler des Christentums „liegt in der exklusiven Stellung, welche es dem Menschen als ‚Ebenbild Gottes' anweist, im Gegensatz zu der übrigen Natur." Haeckel prägte übrigens nicht nur den Begriff der „Euthanasie", seine Bedeutung sowohl für das Zustandekommen der Naziideologie wird bis heute fast genauso unterschätzt wie sein Einfluß auf die Ideologie der heutigen Grünen.

Dabei sind die Merkmale der malthusianischen Ideologie so offensichtlich: 1) Der Mensch wird primär als „biologisches" Wesen bestimmt und mit dem Tier gleichgesetzt. 2) Der Mensch ist genetisch festgelegt und bestimmt, die Verbesserung des Menschen wird in Mitteln wie Zuchtauswahl, Eugenik oder Rassenhygiene gesucht. 3) Die besondere Vernunftgabe des Menschen wird geleugnet, oder es wird behauptet, sie komme nicht zum Tragen, weil der Mensch, wie das Tier, primär durch seine Triebe bestimmt sei. 4) Weil mit der Verwirklichung der menschlichen Vernunft der wesentliche Faktor für die erweiterte Existenz der Menschheit verneint wird, kommen die Malthusianer zu „pessimistischen Prognosen" für die weitere Existenz der Menschheit. 5) Obwohl diese pessimistischen Prognosen allein aus dem falschen Menschenbild der Malthusianer entspringen, werden sie als „mathematische Gesetze" oder als „Naturnotwendigkeit" dargestellt.

Der Trick mit der Mathematik

Wenn man den Reden des Malthusianers Mesarovic glauben darf, so ist der *Club von Rom* auf der Suche nach einem

„neuen Paradigma“ (Konferenz „Geist und Natur“, Hannover 1988). Mesarovic will begründen, daß heute „nie dagewesene Aktionen von globalem Ausmaß nötig“ seien. Dabei könne es „nicht um die Frage gehen, was man moralisch vorziehe“, sondern alles sei „eine Sache der Notwendigkeit“. Gleichzeitig verwirft Mesarovic kurzerhand das alte „systemdynamische“ Paradigma. Was immer die neue „Notwendigkeit“ begründen soll, bei allem Eifer auf der Suche nach „neuen Paradigmen“ darf man nicht vergessen, daß es gerade die systemdynamischen Computermodelle waren, welche angeblich mit mathematischer Präzision die „Grenzen des Wachstums“ bewiesen haben.

Mesarovic fällt es leicht, diese „systemdynamischen“ Modelle aus dem Fenster zu werfen. Ernsthafter Nachprüfung hatten sie nicht standgehalten, und die meisten entsprachen nicht einmal den Ansprüchen, die von den Modellmachern selbst an sie gestellt worden waren. Ihren Zweck haben die „systemdynamischen“ Computermodelle dennoch erreicht, denn wie Peccei später zugab, ging es vor allem darum, „so schnell wie möglich eine weltweite Diskussion auszulösen“. Dazu nutzte man die allgemein vorherrschende Computergläubigkeit geschickt aus. Genau wie der Rechentrick mit der geometrischen und arithmetischen Folge, den Malthus anwendete, hat die beeindruckende Rechnung nichts mit der Wirklichkeit zu tun, und wenn der Denkfehler bereits im Programm steckt, dann kann auch der größte Computer nur Unsinn berechnen.

Worum es geht und wie genau sich der mathematische „Notwendigkeitstrick“ mit dem von Malthus deckt, kann man an einem Beispiel sehen, das der *Club von Rom* selbst immer wieder zur Verdeutlichung seiner systemdynamischen Rechnungen vorgebracht hat. Es handelt sich um den berühmten Seerosenteich. In einem Teich, so wird angenommen, verdopple sich die Anzahl der Seerosen in einem bestimmten Zeitabschnitt, zum Beispiel innerhalb von einer Woche. Die Anzahl der Seerosen wächst dann entsprechend der geometischen Folge 1, 2, 4, 8, 16, ... Irgendwann ist der Teich halb voll. Und was passiert in der darauffolgenden Woche? Plötzlich sind die „Grenzen des Wachstums" erreicht. Wenn dieses nette Beispiel die systemdynamischen Modelle richtig beschreibt, so beweisen sie auf umständliche Weise nur die alte Volksweisheit, daß die Bäume nicht in den Himmel wachsen.

Der Denkfehler liegt darin, daß etwas als „Wachstum" behauptet und berechnet wird, was mit wirklichem Wachstum nichts zu tun hat. Die Entwicklung des Universums und ganz besonders das Wachstum der menschlichen Gesellschaft, wenn es von der schöpferischen Vernunft des Menschen geleitet wird, entzieht sich dieser simplen Rechnung völlig. Diesen Mangel des malthusianischen Arguments kann man durch ein einfaches Beispiel verdeutlichen: das Wachstum eines Menschen. Wir glauben nicht mehr an den Seerosenteich, und daß der Klapperstorch die Kinder von dort herbeibringt, sondern wir wissen, daß jeder Mensch aus einer befruchteten Eizelle im Mutterleib wächst. Als Embryo wächst der Mensch sogar sehr schnell, und bald wird es in seiner „Umwelt" bedrückend eng. Mit einem Computer und der Intelligenz eines Wissenschaftlers vom *Club von Rom* ausgestattet, würde der sechs Monate alte Embryo eine Wachstumskatastrophe vorhersagen und schleunigst sein Wachstum begrenzen. Als erstes würde er natürlich auf überflüssigen Luxus wie Lungen verzichten, die er in seiner Umwelt gar nicht brauchen kann. Dann würde er wohl nach und nach auf andere Organe verzichten. Der drohenden Wachstumskatastrophe könnte er jedoch nicht entkommen. Ein normaler Embryo wächst mir nichts, dir nichts weiter, erblickt nach weiteren drei Monaten das Licht der Welt und gibt schreiend kund, daß er seine Lunge und auch die anderen bereits entwickelten Organe nun gut gebrauchen kann.

Aber dann wächst der Mensch nicht mehr so schnell weiter! Und jeder Mensch muß sterben! Gewiß, aber das widerlegt das Prinzip nicht, welches dem kleinen Beispiel zugrunde liegt. Denn das Wachstum des Menschen setzt sich wiederum „in einer anderen Welt" fort. Nach der Geburt kommt es nicht mehr allein auf das biologische Wachstum des Menschen an, sondern darauf, wie der Mensch durch seine Arbeitskraft und vor allem durch die Verwirklichung seiner schöpferischen Vernunft dazu beiträgt, seinen Nachkommen ein besseres und zahlreicheres Leben zu ermöglichen. Folgt ein Mensch nur seinen hedonistischen Trieben und lebt als Schmarotzer, dann bleibt nichts von ihm übrig. Strebt er jedoch nach Vervollkommnung und verbessert er die wirtschaftlichen und politischen Verhältnisse seines Landes, oder erzeugt er gar völlig neue wissenschaftliche Erkenntnisse und hilft diese zu verwirklichen, dann wird er durch seine Taten in einer größeren Anzahl wohlhabender Nachkommen weiterleben und seine Existenz wird, selbst nachdem sein Körper begraben ist, auf eine qualitativ neue Weise erhalten bleiben und Früchte tragen.

Malthus und seine Nachfolger lehnen diesen Begriff des Wachstums und der zugrundeliegenden Vervollkommnungsfähigkeit des Menschen ab. Ihre simplistischen Rechentricks sind nur dazu da, einfachen Gemütern einen Schrecken einzujagen und eine pessimistische Stimmung zu verbreiten, damit die „arbeitende Klasse" die „Notwendigkeit" einsieht, auch in Zukunft arm zu bleiben.

13. Kapitel

Aus dem Tagebuch der grünen Bewegung

Gibt es eine Machtelite, eine Gruppe von Leuten, welche im geheimen die wirklichen Entscheidungen trifft, welche genügend Einfluß und Geld besitzt, um an gewählten Regierungen vorbei ihren Willen weltweit durchzusetzen? Wer weiß? Wir könnten uns jedoch einfach einmal eine solche Gruppe vorstellen. Wer gehörte wohl dazu? Sicherlich Leute, die in historischen Dimensionen denken und zu herrschen gewohnt sind, Leute vom Adel. Nehmen wir nur als Beispiel Prinz Philip, den Herzog von Edinburgh. Welche Art von Leuten gehören noch dazu? Das Geld, Geld darf nicht fehlen! Wie wäre es mit folgendem Kandidaten? Dem ehemaligen Vorsitzenden des *Royal Dutch Shell* Ölmulties, Herrn John H. London. Er ist auch noch Direktor der *N. M. Rothschild Orion Bank* und Vorstandsmitglied der *Chase Manhattan Bank*. Und was fehlt noch? Die Medien! Nehmen wir doch gleich Robert O. Anderson, den Besitzer des berühmten *Observer* in London. Wen wählen wir noch? Wie wäre es mit Vertretern der riesigen Industriegiganten, zum Beispiel *IBM* oder *Hoffmann-LaRoche*? Also gut, warum nicht gleich Dr. Luc Hoffmann persönlich, und dazu Thomas J. Watson aus dem Vorstand von *IBM*? Schließlich nehmen wir noch zwei ehemalige *NATO*-Beamte: Russell Train, zugleich Vorstandsmitglied der *Union Carbide Corporation*, und Aurelio Peccei, der neben seiner Tätigkeit für die *NATO* einen Posten im Präsidium von *Olivetti* und *FIAT Lateinamerika* einnahm und den einflußreichen *Club von Rom* gründete.

Unbestreitbar haben wir jetzt eine Gruppe von Leuten

beisammen, welche politisch und wirtschaftlich die weltweit mächtigsten Interessen vertreten. Nun fragt es sich nur noch, ob es ein Gremium gibt, in dem alle diese Herren zusammenkommen. Was könnte das sein? Ein derartiges Gremium gibt es in der Tat. Alle diese Herren saßen 1983 zusammen im Vorstand des *World Wildlife Fund*! Aber was soll denn das heißen? Das kann doch schlecht möglich sein. Der *WWF* ist doch diese nette Umweltschutzorganisation mit dem Panda-Bärchen, und die Grünen sind doch gegen die Multis und die Industrie. Oder wie ist das?

Von einem Irrglauben muß man sich gründlich befreien. Dem Irrglauben nämlich, die „grüne Bewegung“ sei eine „spontane Bürgerbewegung“. Nichts ist falscher als das. Wer versuchen will, die „grüne Bewegung“ ohne den Hintergrund derartiger einflußreicher Personengruppen zu verstehen, der kommt genauso weit wie jemand, der versuchen will, die „braune Bewegung“ der dreißiger Jahre zu verstehen ohne die „Harzburger Front“ und die mächtigen Freunde eines Hjalmar Schacht in der internationalen Hochfinanz.

Welche spontane „Bürgerbewegung“ hat jemals ihren Anfang genommen mit der Veröffentlichung eines Manifestes, das innerhalb von Wochen in vielmillionenfacher Auflage erschien, in die wichtigsten Weltsprachen übersetzt war und in den wichtigsten Medien aller Kontinente aufmerksam kommentiert wurde? Für eine solche „spontane Bewegung“ gibt es nur ein Beispiel. Die „grüne Bewegung“ und das Manifest *Die Grenzen des Wachstums*. Was der normale Bürger von der „Grünen Bewegung“ sieht, ist nur die Spitze des Eisbergs. Er sieht durch die Fernsehkamera nur ein paar Aktivisten, welche sich für das einsetzen, was sie zur die Erhaltung der Umwelt für notwendig erachten. Durch das Objektiv der Kamera sieht das klein aus, „spontan“ und „vielfältig“ und wie „Basisdemokratie“. Doch zieht man das Objektiv auf und betrachtet nicht nur die lokale Aktion, nicht nur die Kampagne in einem Land, sondern das weltweite Muster und die Verflechtungen, dann entsteht ein ganz anderes Bild, das mit „Spontanität“ nichts gemein hat.

Wie die „Bürgerbewegung“ ganz ohne Spontanität und vor allem ganz ohne Bürger ins Leben gerufen wurde, verdeutlichen die Aktivitäten des erwähnten Aurelio Peccei. Er erhielt 1967 den Vorsitz des Wirtschaftsausschusses im Internationalen Atlantik-Institut und unterrichtete in dieser Funktion die politische Führungsspitze der NATO über das Thema „Die Neuordnung der Welt und die Notwendigkeit globaler Planung“. Um dieses Thema politisch effektiver zur Geltung bringen zu können, gründete man 1969 das NATO-Komitee für „Herausforderungen der modernen Gesellschaft“, in dessen Gründungsdokument festgestellt wird: „Das Überleben der heutigen menschlichen Gesellschaft wird gegenwärtig von einem neuen Faktor bedroht: der schnellen Verschlechterung des Globus als ökologisches System. Die weltweite ökologische Krise hat drei Komponenten: Die Verstädterung, die Bevölkerungsexplosion und der zerstörerische Eingriff der Technik des Menschen in seine physikalische und sozio-kulturelle Umgebung“. So schön kann das der Grüne von nebenan heute noch nicht sagen, und dabei stammt das Zitat aus einer Zeit, als es die „grüne Bewegung“ noch gar nicht gab!

Doch Ende der sechziger Jahre war es gar nicht so einfach, die Regierungen und die Mehrheit der Bevölkerung von diesem Anliegen der NATO-Politiker zu überzeugen. Dr. W. Henily, der stellvertretende Generalsekretär der NATO, sagte: „Zuerst haben die europäischen Regierungen gezögert, sich damit zu beschäftigen. Dann haben die grünen Parteien und die Umweltschützer auf die Regierungen Druck ausgeübt und sie dazu gezwungen, Ausschüsse einzurichten.“ Aus den Ausschüssen sind mittlerweile Ministerien geworden. Wieviele Umweltschützer und Mitglieder von spontanen Gruppierungen und Bürgerinitiativen ahnen, daß die klugen Vordenker ihrer Bewegung im Kreise dieser NATO-Politiker zu finden sind. Aber die Grünen und vor allem die eng mit den Grünen verzahnte Friedensbewegung kämpft doch gegen die NATO? Stimmt. Es geht eben, wie wir einleitend gesehen haben, nicht um die NATO an sich, sondern um eine politische Machtelite, welche „globalistisch" denkt und handelt, welche sowohl in der NATO als auch im Warschauer Pakt vertreten ist und durch diese Institutionen agiert. Wenn man das einmal verstanden hat, dann wundert man sich nicht über die Gedankenverwandtschaft des Berichtes *Global 2000* der amerikanischen Regierung Carter und den UNO-Reden des „Globalisten" Michael Gorbatschow.

Die Zusammenarbeit der westlichen Gründer des *Club von Rom* mit malthusianischen Gesinnungsgenossen in der Sowjetunion begann früh und lief während der siebziger Jahre hauptsächlich über das Internationale Institut für Angewandte Systemanalyse (IIASA) in Laxenburg bei Wien. Dscherman Gwischiani, ein Schwiegersohn Kossygins stieg bald zum Leiter des Instituts auf, das die Welt mit den gleichen malthusianisch gefärbten Computermodellen über Bevölkerungsexplosion und Grenzen des Wachstums überschwemmte wie der *Club von Rom* und seine Ableger. Der bekannteste sowjetische Malthusianer und Mitglied des *Clubs von Rom*, Iwan Frolow, wurde kürzlich zum Chefredakteur der *Prawda* gekürt. Und im Oktober 1989 legte der neue KGB-Chef Krjutschkow in der sowjetischen Zeitschrift *Internationales Leben* recht unverhohlen dar, warum die sowjetische Außenpolitik nunmehr die grüne anstelle der roten Flagge zeigt. Krjutschkow sagte: „Die praktischen Schritte, die wir eingeleitet haben, um das Eis in Westeuropa zu brechen... haben Früchte getragen. Wir haben das Denken der Leute erfolgreich verändert. Wir werden uns auf die Grünen und auf die Friedensbewegung konzentrieren..., um diese Leute in den Vordergrund zu schieben, damit sie das Denken der Politiker beeinflussen können... Wir müssen die Minderheiten in der westdeutschen Gesellschaft ausfindig machen, an die wir uns richten können, um breitere Schichten zu beeinflussen." Das ist die Politik des KGB und der Regierung Gorbatschow.

Verständlicherweise ging der KGB-Chef auf die erwähnten „praktischen Schritte" nicht näher ein, doch davon später mehr. Es bleibt zunächst festzuhalten, daß der sowjetische Geheimdienst sich bereitwillig in das von Aurelio Peccei & Co. gemachte Bett gelegt und die grüne Friedensbewegung nach Kräften für seine Ziele eingesetzt hat.

Jedenfalls ist die Vorstellung von der „spontanen Bürgerbewegung" bei genauerem Hinsehen nicht haltbar, und auch das vielpublizierte Bild bunter Aktionen mit Luftballons und flotten Sprüchen repräsentiert nur die Schokoladenseite der Bewegung. Wer sich genauer mit der Entwicklung und der politischen Wirklichkeit der „grünen Bewegung" befaßt, der wird eine ganz andere Seite gewahr, deren Aktionen gar nicht bunt und deren Sprüche und Thesen gar nicht lustig sind. Diese Thesen und Aktionen der „grünen Bewegung" dürfen nicht ignoriert werden. Schlagen wir diese Seiten des Buches der „grünen Bewegung" auf! Sie zeigen uns ein erschreckendes Bild.

Die Thesen der grünen Elite

Bäume, Robben und Walfische sollen leben. Doch wie sieht die „grüne Bewegung" den Menschen? Hören wir, was die Anführer dieser Bewegung dazu sagen.

● Am 27. August 1989 schrieb der grün-sozialistische Schriftsteller Gore Vidal unter dem Titel „Götter und Grüne" im *London Observer*: „Es gibt 5 Milliarden Menschen auf unserem kleinen Planeten. Wenigstens 4 Milliarden zu viele. Aber welche sind das? Hier beginnt die aufgeklärte Familienplanung zu schwätzen, während die dunklen Seelen nach den vier apokalyptischen Reitern rufen. Was aber geschieht mit unserem Planeten, wenn 4 Milliarden Menschen nicht verschwinden und immer weitere geboren werden... Man muß sich die Erde als einen lebendigen Organismus vorstellen, der von Milliarden Bakterien angegriffen wird, deren Zahl sich alle 40 Jahre verdoppelt. Entweder stirbt der Wirtsorganismus oder das Virus oder beide."

- Eduard Pestel stellte seiner Nullwachstumsstudie für den *Club von Rom* folgendes Widmungszitat voran: „Die Welt hat Krebs; und der Krebs ist der Mensch."
- Der Gründer des *Club von Rom*, Aurelio Peccei, schrieb in seiner Autobiographie: „Der Mensch war es, der die Geschichte vom häßlichen Drachen erfunden hat, wenn es aber jemals einen häßlichen Drachen auf Erden gegeben hat — dann war es der Mensch."
- Der britische Prinzgemahl und ehemalige Präsident des *World Wildlife Fund*, Prinz Philip, sagte laut einer DPA-Meldung vom 14. August 1988: „Im Falle meiner Wiedergeburt möchte ich als tödliches Virus wiederkommen, um auf diese Weise etwas gegen die Überbevölkerung zu tun."

Das ist nur eine kleine Auswahl an Zitaten aus dem „Tagebuch" der „grünen Bewegung", die ein erschreckendes Menschenbild zum Vorschein kommen läßt. Kann man mit solch einem Menschenbild die Natur wirklich lieben? Doch wir vernehmen von der „Grünen Bewegung" nicht nur Worte; auch Taten, Aktionen genannt, sind in ihrem Tagebuch eingetragen.

Die Schlacht um Wackersdorf

Am Morgen des Pfingstsonntags 1986 setzte sich ein 4000 Mann starker Demonstrationszug in Richtung Bauplatz in Bewegung, darunter 1200 bis 1300 Gewalttäter. Hinter dem Bauzaun standen 1000 Bereitschaftspolizisten mit Wasserwerfern. Als der Demonstrationszug den Bauzaun erreichte, prasselte ein Steinhagel auf das Baugelände. Kurz darauf griff die erste Welle von Vermummten an und versuchte, den Bauzaun mit Zangen und Eisensägen zu durchdringen. Nachdem dieser Angriff durch den Einsatz von Wasserwerfern nicht abgewehrt werden konnte, unternahmen einige Hundertschaften der Polizei einen Ausfall zu der Stelle, wo die größte Konzentration an Gewalttätern war, und versuchte, diese zurückzudrängen. Dabei lief die Polizei jedoch in einen Hinterhalt. Die Polizeiführung hatte nur mit der Anwesenheit von 200 bis 300 Gewalttätern gerechnet. Während des Ausfalls griff jedoch die zweite und dritte Welle der Gewalttäter an, um gezielt die Polizeiformationen zu zerschlagen. Dabei wurden Stahlkugeln, Muttern und Stahlsplitter mit Schleudern verschossen. Laut Polizeibericht wurde „mindestens eine ganze Hundertschaft regelrecht aufgerieben". Selbst ein geordneter Rückzug der Polizeieinheiten war nicht mehr möglich. Daraufhin machten die Gewalttäter auf einzelne Polizeibeamte Jagd, wobei mit Signalmunition und Molotow-Cocktails auf Köpfe und Gesichter der Beamten gezielt wurde. Mit Eisenstangen und Ketten wurde auf Polizisten eingeschlagen. Als schließlich durch massiven Tränengaseinsatz von Hubschraubern aus die Lage stabilisiert werden konnte, waren 160 Polizeibeamte verletzt; 24 schwerverletzte Polizisten mußten mit dem Notarztwagen ins Krankenhaus eingeliefert werden.

Doch der „Krieg" fand nicht nur am Bauzaun statt. Fernab vom Baugelände hielt ein Trupp Vermummter einen Personenzug auf der Strecke Schwandorf-Fürth an, demolierte die Fenster und das Innere der Waggons, bewarf das Führerhaus der Lokomotive mit Steinen und konnte erst nach dem Einsatz von Tränengas vertrieben werden. Ein gleichartiger Angriff wiederholte sich wenig später auf einen Güterzug, wobei es den Gewalttätern sogar gelang, einen Waggon abzukoppeln. Im gesamten Gebiet um das Baugelände von Wackersdorf wurden Polizeifahrzeuge angegriffen, umgestürzt, mit Stahlkugeln beschossen, mit Steinen beworfen und sogar in Brand gesteckt. Auf Baufahrzeuge wurden Brandsätze geschleudert, Bahnschienen wurden zerstört, Streckenzeichen demoliert, Telefonmasten und Schaltkästen zerschlagen und ein Hochspannungsmast einer 10 kV-Leitung gesprengt.

Am Pfingstmontag sahen sich zwei Busse mit 30 Polizisten plötzlich von mehr als 1000 Demonstranten umringt, welche anfingen, die Busse zu demolieren. Nach massivem Tränengaseinsatz von Hubschraubern aus konnten sie befreit werden. Hinterher sagten einige Polizeibeamte aus, die Angriffe seien derart brutal gewesen, daß sie kurz davor gestanden hätten, zur Verteidigung ihres Lebens von der Schußwaffe Gebrauch zu machen. Nachdem am Dienstag nach Pfingsten massive Polizeiverstärkungen eingetroffen waren, beruhigte sich die Situation.

So „friedlich" demonstriert die Anti-Kernkraft-Bewegung. Aussagen der Partei der Grünen, welche versuchen, eine allzu direkte Verbindung der Partei mit diesen brutalen Gewaltakten abzustreiten, sind völlig unglaubwürdig, solange Vorstandsmitglieder durch ihre Erklärungen diesen Kleinkrieg rechtfertigen. Denn nichts anderes als eine Rechtfertigung solcher Gewalttaten ist es, wenn Vorstandsmitglied Rainer Trampert sagt, alle Kernkraftwerke der Welt seien eine Kriegserklärung an die Menschheit; oder wenn Jutta Ditfurth behauptet, Wackersdorf sei Terrorismus des Staates gegen die Bevölkerung.

Man kann zu Wackersdorf stehen, wie man will, aber bei diesem „Kampf gegen Wackersdorf" waren die Kernenergie und die Wiederaufarbeitung nur ein Vorwand. Heute wissen wir, daß die „Atomlobby" offensichtlich weit weniger besessen für Wackersdorf war als die Grünen dagegen. Was in Wirklichkeit geschah, war eine Attacke auf die staatliche Ordung der Bundesrepublik Deutschland, eines keineswegs perfekten, aber immerhin demokratischen Staates. Hier wurde der Bürgerkrieg geübt, mit der Demonstration von Bürgermeinung hatten diese Ereignisse nichts zu tun.

Krieg für den Frieden

Die Organisationen und Aktivisten der Friedensbewegung und der grünen Bewegung sind fast identisch. Der „Ökogigant" *Greenpeace* bringt die Vereinigung beider „Bewegungen" sogar in seinem Namen zum Ausdruck. Geht es der Friedensbewegung um Frieden? Allein die Form ihrer Aktionen läßt daran zweifeln. Hier eine kleiner und unvollständiger Ausschnitt der „Friedensaktionen" während eines einzigen Monats im Jahre 1984.

● 31. August 1984: Brandanschlag gegen einen Bagger, der für Arbeiten an einer Straßensprengschachtanlage bei Gießen eingesetzt war. Straßensprengschächte sind übrigens vorbereitete Sperreinrichtungen, die im Fall eines Angriffes Truppen auf dem Gebiet der Bundesrepublik aufhalten sollen, also eine Verteidigungsmaßnahme, wie sie defensiver nicht sein kann!

● 6. September 1984: Drei Zündschächte einer Sprengschachtanlage bei Hamburg werden mit Beton zugegossen.

● In Kalletal-Bavenhausen werden die Schlösser einer Pumpstation der NATO-Pipeline zerstört.

● 10. September 1984: Ein Lokführer der britischen Rheinarmee in Gütersloh stellt fest, daß eine Weiche mit Krampen und Stahlstangen blockiert wurde.

● 11. September 1984: In Oldenburg werden nachts vier Molotow-Cocktails über den Kasernenzaun zwischen Bundeswehrfahrzeuge geworfen. In derselben Nacht werden am Feldflughafen Warendorf die Warnleuchten zerstört.

● 13. September 1984: Ein Güterzug fährt bei Eberbach gegen ein Hindernis aus Holzbalken, Steinen und Eisenstreben. Die Strecke wird zu dieser Zeit von Militärsonderzügen benutzt.

● 19. September 1984: In Hambach und in Steinau werden Fernmeldekabel von militärischen Nachrichteneinheiten zerschnitten. In der gleichen Nacht wird ein britischer Soldat in einem Waldgebiet bei Dassel durch den Schuß aus einem Luftgewehr leicht verletzt. Bei drei amerikanischen Tankfahrzeugen werden die Ablaßventile absichtlich gelöst, und 10 000 Liter Treibstoff laufen aus.

- 20. September 1984: Bei Eddinghausen wird ein Bundeswehrfahrzeug demoliert.
- 21. September 1984: Ein Hubschrauber des Bundesgrenzschutzes wird beim Start mit Steinen beworfen. In Ampleben wird ein Wachsoldat der Bundeswehr mit Feuerwerksraketen beschossen. Bei Detmold wird eine Panzereinheit der Bundeswehr beschossen. Am Tatort wird später ein Revolver entdeckt.
- 24. September 1984: Auf dem US-Schießplatz in Lehnerz wird neben einem Treibstoffbehälter ein gezündeter, aber nicht detonierter Brandsatz gefunden.
- 25. September 1984: Im Bahnhof Wildflecken werden an 40 Bundeswehrwaggons die Bremsschläuche zerschnitten und Parolen „Ami go home“ und „Widerstand jetzt — Krieg dem Krieg“ aufgesprüht. An diesem Tag kommt es auch zu einem schweren Zwischenfall in der Nähe der Hanauer Nuklearbetriebe. Bei einer Demonstration vor dem Betrieb, an der etwa 50 Bewohner des „Friedenscamps“ Maintal teilnehmen, wird einem Polizeibeamten die Dienstwaffe entwendet. Bei der darauffolgenden Fahndung wird ein Streifenwagen von 20 Vermummten umzingelt und angegriffen. Ein Beamter muß Warnschüsse abfeuern, um die Gruppe zu zerstreuen. Mit der gestohlenen Dienstwaffe werden drei Jahre später, in der Nacht des 2. November 1987, zwei Polizisten an der Startbahn West hinterhältig ermordet.

Diese Vorgänge sind mit der Sehnsucht nach Frieden, den die Mehrzahl der Bürger mit der Friedensbewegung verbindet, nicht in Einklang zu bringen. Der Widerspruch löst sich zum Teil, wenn man weiß, daß die Anführer derartiger Aktionen hartgesottene und eigens für solche Terror- und Sabotageakte ausgebildete „Kleinkrieger“ oder auf russisch „Speznas“ sind. Einen Aspekt dessen enthüllte der

Spiegel in seiner ersten Januarnummer 1990: DKP-Mitglieder seien in NVA-Lagern in der DDR unter konspirativen Bedingungen an Schußwaffen und an „industriell und selbst hergestelltem Sprengstoff" ausgebildet worden. Insgesamt 300 westdeutsche Kommunisten erhielten seit Mitte der siebziger Jahre eine solche Ausbildung für den „verdeckten Kampf" auf bundesdeutschem Territorium. Sie verübten Anschläge auf Eisenbahnverbindungen, Strommasten und fernmeldetechnische Anlagen, berichtete ein Aussteiger mit dem Decknamen Lothar Oertel. Das hochkonspirative Unternehmen sei im Rahmen einer geheimen „Militärischen Organisation" (MO) gelaufen, die unter Leitung der hauptamtlichen DKP-Funktionäre Kurt Fritsch, Uwe Merz und Horst Krämer gestanden haben soll. Der Chef des hessischen Amtes für Verfassungsschutz, Günter Scheicher, und die Bundesanwaltschaft in Karlsruhe nehmen diese Berichte sehr ernst. Die Bundesanwaltschaft prüft derzeit, ob es Anhaltspunkte für eine Anklage wegen „Vorbereitung eines hochverräterischen Unternehmens" gibt. Dabei wird auf Parallelen zu den irregulären Sabotagetruppen des Warschauer Paktes, den „Speznas", verwiesen, die auch für Mordanschläge auf militärische, politische und wirtschaftliche Führungskräfte des Westens trainiert werden.

Das Problem sind aber nicht nur diese terroristisch geschulten Anführer, sondern die vielen Tausend allzu unkritischen Mitläufer, die Unternehmen wie die Schlacht von Wackersdorf oder die Todesschüsse an der Startbahn West erst möglich gemacht und auch hinterher zum Teil noch gedeckt haben.

Demokratie-Mißverständnis

Nachdem die *Grünen* sich als Partei formiert hatten, begann ihr Einzug in die Parlamente. Im Bundestag wurden sie von Vertretern der SPD mit Blumen empfangen. Bei genauerem Hinsehen ergeben sich jedoch einige Zweifel, ob sich die Wähler wirklich gründlich genug überlegt haben, durch wen sie sich da in den verschiedenen demokratischen Parlamenten vertreten lassen. Hier einige Beispiele von vielen, die nachdenklich stimmen:

- Brigitte Heinrich kam 1984 ins Europaparlament. Sie erhielt 1980 eine Freiheitsstrafe von einem Jahr und neun Monaten wegen Verstoß gegen das Kriegswaffenkontroll- und Sprengstoffgesetz. Sie war Mitte der siebziger Jahre als Kurier, Waffen- und Sprengstoffbeschafferin für die Rote-Armee-Fraktion aktiv.
- Ebenfalls 1984 kamen Michael Klöckner und Benedikt Härlin ins Europaparlament. Im März des gleichen Jahres waren sie zu je zweieinhalb Jahren Freiheitsstrafe ohne Bewährung verurteilt worden, und zwar wegen Werbung für eine terroristische Vereinigung und Aufforderung zu Straftaten. Michael Klöckner machte dann auch gleich Harry Stürmer, der wegen seiner Mitgliedschaft in der „Bewegung 2. Juni“ eine mehrjährige Haftstrafe absitzen mußte, zu seinem „parlamentarischen Mitarbeiter“.
- Auch der Grüne Abgeordnete Frank Schwalba-Hoth, bekannt durch seine „Blutspritzaktion“, griff auf einen Veteranen der terroristischen Roten Zellen zurück. Rudolf Raabe war sein „parlamentarischer Mitarbeiter“. Raabe entzog sich zuerst der Strafverfolgung durch Flucht nach Irland und fand Unterschlupf bei der IRA. Nach seiner Rüchkehr 1979 verbüßte er eine mehrjährige Haftstrafe.
- 1984 wurde Gerald Klöpper von der Alternativen Liste in Berlin „symbolisch“ für die Wahl zum Berliner Abgeordnetenhaus aufgestellt: Klöpper war 1984 zu 11 Jahren und 2 Monaten Freiheitsstrafe verurteilt worden, und zwar wegen schwerer terroristischer Delikte wie Geiselnahme, erpresserischer Menschenraub und Mitgliedschaft in einer kriminellen Vereinigung. Er war 1975 an der Entführung des Berliner CDU-Vorsitzenden Lorenz durch die „Bewegung 2. Juli“ beteiligt.

- Dieter Kunzelmann, der Mitbegründer der Berliner Alternativen Liste (AL), wurde 1983 Abgeordneter. Er war auch Mitbegründer der berüchtigten „Kommune I". Er wurde zu mehreren Jahren Gefängnis wegen Urkundenfälschung und menschengefährdender Brandstiftung verurteilt.
- Dirk Schneider war von 1983 bis 1985 Abgeordneter der Grünen im Bundestag. Er war Mitbegründer der Untergrundpostille *Agit 883*, welche im Mai 1970 anläßlich der gewaltsamen Befreiung des Terroristen Andreas Baader unter der Überschrift „Die Rote Armee aufbauen" schrieb: „Glaubt irgendein Schwein wirklich, wir würden von der Entfaltung der Klassenkämpfe, der Reorganisation des Proletariats reden, ohne uns gleichzeitig zu bewaffnen?"

Erstaunlich! Sind nicht die Grünen es, die immer von „Basisdemokratie" reden und betonen, daß die Repräsentanten im Parlament gar nicht direkt genug die Basis verkörpern können? Wenn dem so ist, dann sollte sich jedes ernsthafte Mitglied der Basis sehr gut überlegen, ob er wirklich richtig repräsentiert ist. Wer nicht Mitglied der Grünen ist, der kann einen Schritt weiter gehen und sich überlegen, ob die Ansammlung solcher Vertreter der „grünen Bewegung" in den Parlamenten wirklich nur reiner Zufall ist.

Wo steht die „grüne Bewegung"?

Sie bezeichnet sich als Volksbewegung. Wie erscheint nun diese „grüne Bewegung" im Lichte der Freiheitsbewegungen, wie wir sie in den letzten Monaten und Wochen im Osten erleben? Sicher, Umweltthemen werden von der Freiheitsbewegung im Osten auch aufgegriffen, und das angesichts des Raubbaus kommunistischer Systeme an Mensch und Natur mit Recht. Von dieser zufälligen Übereinstimmung abgesehen besteht ein himmelweiter Unterschied.

Im Osten treten Menschen friedlich demonstrierend mit Kerzen in der Hand der brutalen Schlägerpolizei kommunistischer Diktaturen entgegen. Bei uns prügeln Chaoten im Namen grüner Ziele auf Polizisten ein und sind dabei selbst vor den heimtückischen Morden an der Startbahn West nicht zurückgeschreckt.

Im Osten tritt das Volk in großer Zahl für seine Rechte ein, die ihm von einem diktatorischen System verweigert werden. Bei uns mißbraucht eine radikale Minderheit die Toleranz der freiheitlichen Demokratie, um der Mehrheit der Bürger gegen ihren Willen Beschränkungen aufzuerlegen.

Im Osten jagt die Freiheitsbewegung Bonzen, Staatsparasiten und Bürokraten, deren inkompetentes Diktat den Produktionsapparat drosselt und erstickt, zum Teufel. Hier erzeugt die „grüne Bewegung" Bürokraten, Beamtenstellen in Brüssel und ganze Umweltministerien in den einzelnen Ländern, um eine an sich produktive Wirtschaft mit Auflagen und Verboten zu behindern und kaputt zu machen.

Jetzt sind wir schon so weit gekommen, daß alle Parteien davon sprechen, daß die „soziale Marktwirtschaft" in eine „ökologische Marktwirtschaft" verwandelt werden müsse. Wie jeder weiß, bedeutet „soziale Marktwirtschaft", daß der Mensch im Zentrum der Wirtschaftsaktivität stehen soll. In der „ökologischen Marktwirtschaft" soll er das offensichtlich nicht mehr.

Wo aber steht die „grüne Bewegung" inhaltlich? Was würden führende Mitglieder der „grünen Bewegung" als den tiefsten Sinn und das eigentliche Wesen ihrer Bewegung darstellen? Würden sie nicht etwa folgendes sagen: „Wir haben erkannt, daß eine Loslösung des Menschen aus der Natur, aus dem Lebensganzen zu seiner Vernichtung und zum Tode der Völker führt. Nur durch Wiedereingliederung des Menschen in das Naturganze kann unser Volk zum Erstarken gebracht werden. Das ist der tiefste Sinn der biologischen Aufgabe der Gegenwart. Nicht der Mensch allein steht mehr im Mittelpunkt des Denkens, sondern das Leben als Ganzes, wie es sich in allen Lebewesen auf der Erde offenbart. Dabei wird kein einsichtiger Biologe die Bedeutung all dessen übersehen, was den Menschen über die übrigen Organismen hinaushebt. Dieses Streben nach Verbundenheit mit dem Gesamtleben, ja mit der Natur überhaupt, in die wir hineingeboren sind, das ist aber, soviel ich sehe, der tiefste Sinn und das eigentliche Wesen nationalsozialistischen Denkens." Oh, pardon! Da haben wir im Tagebuch der „grünen Bewegung" anscheinend einige Seiten zu weit zurückgeblättert. Das Zitat stammt nämlich aus dem Buch *Biologischer Wille, Wege und Ziele biologischer Arbeit im neuen Reich* aus dem Jahre 1934. Der Verfasser ist Ernst Lehmann, der die „Aufgabe der Biologie" damals darin sah, für die Beseitigung der „Gefahren der Rassenmischung" durch Hitler „neue Waffen zu schmieden".

Aber Hand aufs Herz, wenn man an diesem Zitat nichts verändert, außer daß man das Wort „Volk" durch „Bevölkerung" ersetzt und „das Wesen nationalsozialistischen Denkens" durch „das Wesen grünen Denkens" ersetzt, welcher führende Vertreter der „grünen Bewegung" von heute hätte diese Worte dann nicht sagen können oder hätte es nicht schon ähnlich gesagt! Das Zitat klingt erschreckend modern. Wahrscheinlich wären die meisten Grünen sogar noch radikaler und würden sogar den bei Lehmann immerhin vorhandenen Hinweis auf das, was den Menschen „über die übrigen Organismen hinaushebt", weglassen.

14. Kapitel

Achtung Ökodiktatur!

„Beim Gongschlag war es 20 Uhr. Heute ist Donnerstag, der 24. November 1997. Sie hören Nachrichten der Umweltsendeanstalt, angeschlossen sind der Ökofunk und die gleichgeschalteten Rundfunkanstalten der Länder.

BRASILIA: Nach dem Einsatz einer Eliteeinheit der UN-Umwelttruppe ‚Grün-Kreuz', mit dem erfolgreich drei illegale Hochöfen im nordwestlichen Amazonasgebiet Brasiliens gesprengt wurden, gab der leitende General von ‚Grün-Kreuz' bekannt, daß bei dem Einsatz drei Arbeiter und einer der Betreiber der illegalen Anlagen zu Tode gekommen seien. Das Unternehmen bezeichnete er insgesamt als großen Erfolg. Ein Sprecher der brasilianischen Regierung bedauerte den Zwischenfall und bedankte sich für die Unterstützung von ‚Grün-Kreuz', wies jedoch darauf hin, wie schwierig angesichts der prekären Wirtschaftslage und der zunehmenden Verarmung die Bekämpfung solcher illegalen Produktionseinheiten sei. Man müsse bedenken, daß es aufgrund des Hungers allein im letzten Jahr zu einem dreißigprozentigen Anstieg der Kindersterblichkeit gekommen sei und sich immer wieder Unternehmer fänden, welche die Arbeitswilligkeit der Bevölkerung skrupellos ausnutzten. In einer Erklärung der Umweltschutzguerillas ‚Kämpfende Umwelt' hieß es jedoch, die brasilianische Regierung stecke insgeheim mit den Umweltverbrechern im Amazonasgebiet unter einer Decke.

BONN: Die Bundesumweltregierung hat die Vorwürfe Frankreichs, der hohe Ausstoß an Kohlendioxyd aus deutschen Kohlekraftwerken stelle eine existentielle Gefährdung Frankreichs dar, entschieden zurückgewiesen. Frankreich streiche den niedrigen Kohleanteil bei der eigenen Stromerzeugung nur heraus, um über Probleme bei der Erreichung der europäischen Austeritätsnormen hinwegzutäuschen. Die Bundesrepublik habe allein im letzten Jahr den Lebensstandard erfolgreich um 12 Prozent gesenkt und damit in Europa Maßstäbe gesetzt. Gerüchte, wonach die Regierung der Sowjetunion der Bundesrepublik Hilfe angeboten habe, falls französisches Militär das Kohlekraftwerk Buschhausen sprengen würde, bezeichnete ein Regierungssprecher als völlig aus der Luft gegriffen.

STUTTGART: Die Gewerkschaft der Polizei und Umweltpolizei (GPU) beklagt zunehmende Probleme des Müllsortierdienstes, weil Getränkeverpackungen der Klasse 2C nicht in die dafür vorgesehenen Sondercontainer geworfen werden. In Handzetteln und mit Lautsprecherwagen forderte die GPU die Bevölkerung zur Nachbarschaftshilfe bei der Ermittlung der Umweltsünder auf. In den seit zwei Jahren eingeführten gläsernen Mülltonnen seien die 2C-Verpackungen durch die rote Markierung leicht zu identifizieren. Wo die gläsernen Mülltonnen noch nicht bereitstehen, lohnt sich ein kurzer Blick in die Mülltonne des Nachbarn. Gleichzeitig wandte sich die GPU gegen neue gesetzliche Maßnahmen zur Eindämmung dieses Umweltdelikts; die bisher praktizierte Zwangsabstellung von Strom, Gas und Wasser sei zur Abschreckung dieses Umweltvergehens ausreichend, wenn sie im Rahmen der bestehenden Gesetze konsequent angewendet würde."

Ende der fiktiven Nachrichten.

Öko befiehl, wir folgen!

Wer meint, diese Nachrichten der Umweltsendeanstalt seien völlig übertrieben und an den Haaren herbeigezogen, der möge sich einmal sehr aufmerksam eine Woche lang die Nachrichten anhören und darauf achten, welcher Teil der

Sendezeit schon heute auf das Thema „Umweltschutz" entfällt. Oder er sollte hellhörig werden, wenn Sendungen wie „In Zukunft... Ökodiktatur" in seiner Programmzeitschrift angekündigt werden.

Ohnehin ist bisher nur den Aufmerksamsten aufgefallen, daß inmitten der vielen Umweltnachrichten plötzlich ein ganz neues Wort geschaffen wurde: Ökodiktatur! Am 17. Juni 1989 fragte zum Beispiel das Magazin *Der Spiegel*: „Sind die Widerstände der Industrie und der Bevölkerung mit demokratischen Mitteln zu überwinden, oder etablieren sich womöglich Ökodiktaturen?" Wogegen sich der Widerstand von Bevölkerung und Industrie richten wird, verriet das Magazin auch: „Schärfere Eingriffe in den energieintensiven Bereich der Volkswirtschaft..., um den globalen Klimaschock wenigstens abzuschwächen." Im Verlauf des gesamten Artikels wendet sich *Der Spiegel* mit keinem Wort gegen die Gefahren ökodiktatorischer Maßnahmen. Der Leser erhält im Gegenteil den Eindruck, die Ökodiktatur sei ein möglicher „Weg aus der Ökokrise" unter anderen.

Die Beweise für die „Ökokrise" fehlen. Nicht nur das, die Ökostrategen behaupten, man müsse die politischen Maßnahmen zur Vermeidung der „Ökokrise" ergreifen, bevor es überhaupt wissenschaftliche Beweise dafür gibt, sonst sei bereits alles zu spät. Das ist nichts anderes als der Ruf nach einem Ökoermächtigungsgesetz ohne jegliche Kontrollmöglichkeit der Vernunft. Ganz konsequent verkündet der Autor von Nullwachstums-Studien des Club von Rom, Dennis Meadows, in der erwähnten Ausgabe des *Spiegel*: „Jetzt ist es bereits zu spät. Die Umweltbedingungen haben sich schon so verschlechtert, daß wir bald nicht einmal die gegenwärtige Weltbevölkerung ernähren und unseren angenehmen Lebensstandard erhalten können."

Ist es wirklich zu spät und nichts mehr zu retten? Bei nüchterner Betrachtung kann davon doch nicht die Rede sein! Hier wird künstlich eine Gefahr aufgebaut: Die „grüne Gefahr" einer Umweltkatastrophe. Und wie die Angst vor der „gelben Gefahr" und der „roten Gefahr", so eignet sich auch die Angst vor der Umweltkatastrophe dazu, die Bevölkerung ganzer Staaten zu manipulieren. Dem einzelnen Bürger wird eingeredet, er sei einer gefährlichen Macht hoffnungslos ausgeliefert. Genauso selbstverständlich, wie die Mitglieder der braunen Bewegung vor 50 Jahren an die Macht des jüdischen Finanzkapitals glaubten, sind heute die Mitglieder der grünen Bewegung von der Allmacht der „Atommafia" überzeugt. Wenn die Bewegung wächst, wird die Sache gefährlich, denn dann kann plötzlich ein Führer oder ein Retter auftauchen, der diese scheinbar „uns alle bedrohende" Gefahr zu bannen verspricht. Dieser Retter, nennen wir ihn einfach „Öko", wird natürlich nur den retten können, der genau das tut, was er verlangt. Sind die irrationalen Ängste stark genug, können in Ökos Namen unvorstellbare Opfer verlangt werden. Fast alle diktatorischen Systeme der Geschichte haben auf einem derartigen Rettungsanspruch vor irrationalen Ängsten und scheinbaren Gefahren aufgebaut.

Bahros Rettungsregierung

„Ein Terrorsystem erster Güte" verordnet Rudolf Bahro den westlichen Demokratien. Dadurch will er zu Staatsformen gelangen, die „wie im Mittelalter" von einer „geistlich begründeten Staatsautorität" diktiert werden. Und er stellt erfreut fest, „daß das moderne Europa via ‚New Age' beginnt," den dafür notwendigen „Gott zu rekonstruieren".

Unter dem 1989 erschienenen Buchtitel *Die Zukunft der Demokratie: Entwicklungsperspektiven der Regierungssysteme in Ost und West* legt Bahro für jeden zugänglich seine Heilslehre dar. Zuerst verrät Bahro, daß sein Menschenbild genau zu dem paßt, was man von einem Befürworter eines diktatorischen Systems erwarten muß. Er sagt: „Die Erde steuert eine Besatzung von 10 Milliarden Menschen an,... und wenn sich die dann alle mit unseren Strukturen versorgen, wird das ein ökologisches Desaster ähnlich dem eines Heuschreckenschwarms, diesen einmal von innen gesehen." Bahro macht die Menschheit einfach zum Heuschreckenschwarm. Er setzt den Menschen mit einem Schädling gleich.

Die Herabsetzung des Menschen zum gleichgeschalteten „Rädchen im Getriebe", zum „Wolf unter Wölfen", oder zur „Heuschrecke im Schwarm" geht immer mit Diktaturen einher. Oswald Spengler behauptete in seinem *Untergang des Abendlandes*: „Der Mensch ist ein erfinderisches Raubtier... Der Mensch ist ein Element der allebendigen Natur, das sich gegen die Natur empört und diesen Trotz mit dem Dasein büßen muß." Dieses Menschenbild wurde fast wörtlich in Hitlers *Mein Kampf* übernommen. Spengler ist heute wieder modern. Sein Zitat klingt, als sei es erst gestern vom Podium einer Parteiversammlung der Grünen gerufen worden. Wen wundert's, wenn der Gründer des Club von Rom, Aurelio Peccei, den Menschen noch abwertender als Spengler als „häßlichen Drachen" bezeichnet, der als „Fehlentwicklung der Evolution" büßen muß.

Bahro sieht den Menschen als Heuschrecke, die einfach zu viel frißt. Die „Krise der weißen Zivilisation" besteht seiner Meinung nach darin, daß die kapitalistische Wirtschaft penetrant versucht, die materiellen Bedürfnisse der Menschen zu befriedigen. Doch dafür sei einfach nicht genügend Lebensraum auf der Erde. Deshalb will er die „Krise" lösen, indem er der Wirtschaftskraft diktatorisch Grenzen setzt und so den Übergang zu einem weltweiten Mangelsystem erzwingt.

Bahro macht sich auch realpolitische Gedanken darüber, wie dieses „Terrorsystem erster Güte" zustandekommen soll. Zuerst müsse die kapitalistische Gesellschaft über den „ökologischen Strich" gebürstet werden, meint er, und freut sich für die Vorarbeit, welche der CDU-Politiker Kurt Biedenkopf unter dem Stichwort „ökologische Marktwirtschaft" geleistet hat. Für Bahro ist die „ökologische Marktwirtschaft" nur ein Einstieg. Da es nämlich „nicht sehr wahrscheinlich ist, daß wir über die Marktmechanismen das Dimensionsproblem unserer Industriegesellschaft in den Griff bekommen werden." Deshalb: Rettungsregierung!

„Nun stehen wir vor der Frage, ob wir uns nicht doch wieder eine übergreifende politische, in gewissem Sinne sogar überpolitische Instanz leisten wollen, die — sagen wir — wie die Kirche im Mittelalter verbieten kann, daß die Christen Zins nehmen. Ich meine natürlich das Prinzip; es würde heute einen anderen Ausdruck finden. Ich meine die Idee, daß es eine Macht geben soll, eine gesellschaftliche Macht, die der Wirtschaft überhaupt Grenzen setzen kann. In den Verfassungen der Moderne ist dafür kein Platz." Und auch hier weiß Bahro die Errungenschaften des Sowjetsystems zu schätzen. Denn die „kommunistische Partei ist letztlich eine Kirche". Und zum Beweis fügt er an: „In der Sowjetunion scheint es jetzt so zu sein, daß Gorbatschow jenes bestimmte geistige Potential mobilisieren kann, das in einem weiten Sinne mit Moskau als Drittem Rom zu tun hat."

Glücklicherweise, so meint Bahro, kann man aufgrund der fortgeschrittenen „Umweltkrise" heute bereits nach einer „politischen Instanz, die der Wirtschaft Grenzen setzen könnte," fragen, obwohl einem dabei normalerweise „niemand anderes als Adolf Hitler und Josef Stalin" einfalle. Doch Bahro hat weiterreichende Ziele vor Augen: Er will „den Staat wieder spirituell begründen".

New Age, der Endsieg der Ökodiktatur

Bahro kommt zum entscheidenden Punkt: „Wollen wir unter Rettungsregierung nicht bloß einen schönen Namen für eine Militärjunta verstehen, dann ist es entscheidend, welche — und das halte ich für im wesentlichen dasselbe — tiefenpsychologischen, bzw. religiösen oder spirituellen Mächte wir rufen werden... Jetzt also, da die Lebensformen zusammenbrechen, kommt es soweit, daß das moderne Europa via ‚New Age' beginnt, Gott zu rekonstruieren... Es geht erneut um den Begriff des Ganzen... Wir müssen uns eine geistlich begründete politische Instanz leisten." Und dafür ist „es ganz klar, daß wir eine Weltregierung brauchen." Den wichtigen „Begriff des Ganzen" findet Bahro nicht nur im „New Age", sondern auch im „kirchlichen" Aspekt des kommunistischen Systems. Obwohl nämlich Hegel von Marx „vom Kopf auf die Füße gestellt" wurde, blieb der „Ganzheitsbezug" des Hegelschen Systems, „den man im Mittelalter Gott nannte", bei Marx und auch bei Lenin erhalten. „Moskau als Drittes Rom im weitesten Sinne" ist deshalb für Bahros geistliche Weltregierung gut vorbereitet. Und knallhart stellt Bahro fest: „Was mich betrifft, ist mir durchaus das Risiko klar, wenn ich für uns an eine geistlich begründete Staatsautorität denke. Geistlich begründeter Terrorismus ist der mächtigste von allen."

Bahro bedauert: Die „Hitlerei" mache die Diskussion des Themas schwer, aber man müsse einmal bedenken, daß das, „was wir Demokratie nennen, immer nur dort gediehen (ist), wo das Kapital zusammenkam... In ärmeren Regionen, wo eine größere Knappheit herrscht, kann die Demokratie zwangsläufig nicht so gedeihen." Das gilt natürlich insbesondere für das von Bahro angestrebte geistliche Weltsystem der Knappheit. Deshalb ist er gerne bereit, die parlamentarische Demokratie zu verabschieden, und erklärt sie zur „sekundären Frage". Provokativ fordert er ein „House of the Lord", statt eines „House of Lords", d.h. eines Parlaments. Das „House of the Lord" dürfe „man dann nicht auf den Katholizismus beschränken..., sondern auch Buddha (gehört) ins Pantheon". Doch auf weitere Einzelheiten will sich Bahro noch nicht festlegen. „Das Detail ist jetzt noch nicht wichtig. Es muß entschieden werden, ob wir Instanzen schaffen wollen, mit denen wir der ökologischen Krise wirklich begegnen können".

Etappenziel: ökologische Marktwirtschaft

Nach der Beschäftigung mit Bahros Heilslehre sollte man sich vielleicht die fiktive Nachrichtensendung ins Gedächtnis rufen und sich fragen: Wie würde eine globale Ökodiktatur politisch durchgesetzt? Sicher nicht dadurch, daß sich ein Bahro, ein Öko, oder sonstwer, ein Schnauzbärtchen anklebt und „alles folgt mir nach!" schreit. Wenn man Bahro richtig versteht, dann braucht man für die Ökodiktatur gar keinen Ökodiktator. Viel wichtiger als der Führer selbst ist die Unzahl der Handlanger, Aktionsgruppen, Meinungsmacher, Richter, Blockwarte usw., welche „im Namen des Führers" die Diktatur verwirklichen. Sicher, irgendwann sieht auch Bahro die Notwendigkeit einer „heiligen" Instanz, deren erhabenen Ratschluß die Umweltpriester deuten und dem niederen Volk verkünden, aber auf dem Weg dahin reichen zum Beispiel aufgeblähte Behörden mit schwer kontrollierbaren Kompetenzen. Die können dann mit Notstandsverordnungen oder Rettungsmaßnahmen die Rechte des verfressenen Heuschreckenschwarms zurechtstutzen.

Erstes Etappenziel für die Bundesrepublik ist die Verwandlung der sozialen Marktwirtschaft in eine ökologische Marktwirtschaft. Die Bedeutung ist klar: Für die Begründer der sozialen Marktwirtschaft stand der Schutz und die Sicherung der wirtschaftlichen Grundbedürfnisse jedes Mitglieds der Gesellschaft im Vordergrund. Die ökologische Marktwirtschaft wird den Schutz der Umwelt in den Vordergrund stellen. Wohlgemerkt, Dennis Meadows weiß heute schon, daß wir aufgrund von „Umweltbedingungen... bald nicht einmal die gegenwärtige Weltbevölkerung ernähren und unseren angenehmen Lebensstandard erhalten können." Die ökologische Marktwirtschaft in der Bundesrepublik wird dafür sorgen.

Die entscheidenden Entwicklungen in Richtung Ökodiktatur spielen sich jedoch auf der internationalen politischen Bühne ab. Immer unverschämter pochen supranationale Institutionen auf ihrer Macht und greifen in die Hoheitsrechte einzelner Staaten ein. Immer wieder dienen angebliche Umweltgefahren wie der Klimaschwindel dazu, Rechte für bestehende Behörden der UN oder für die Einrichtung ganz neuer Behörden zu verlangen.

Globalismus

So forderte zum Beispiel der sowjetische Außenminister Schewardnadse auf der UN-Vollversammlung am 27. September 1988 die Einrichtung eines „ökologischen Sicherheitsrates der Vereinten Nationen" mit Machtbefugnissen, die dem UN-Sicherheitsrat und dem Internationalen Gerichtshof in Den Haag gleichkommen. Dieser „ökologische" UN-Rat soll Sanktionen gegen einzelne Länder ergreifen können, und zur Ausübung der Exekutivgewalt soll eine Eingreiftruppe von „Grünhelmen" aufgebaut werden. Vom sowjetischen Staatschef Michail Gorbatschow wurde das Thema in seiner berühmten Rede vor den Vereinten Nationen am 7. Dezember 1988 aufgegriffen. Und am 2. Oktober 1989 stellte Schewardnadse das Thema vor der amerikanischen *Foreign Policy Association* in einen bemerkenswerten Zusammenhang, als er sagte:

„Unmittelbar vor unseren Augen schlittert die Welt in eine tiefe Wirtschaftsdepression. Die Schulden der Länder der Dritten Welt, die Zinsen, welche sie zahlen müssen, und die Geschwindigkeit ihrer wirtschaftlichen Entwicklung — sind das nicht Zeichen einer drohenden Katastrophe? Die Antwort darauf war jedoch bisher höchst unangemessen. Die bisher ergriffenen Maßnahmen können den Trend nur abmildern oder verlangsamen. Radikale und kraftvolle Schritte sind jetzt notwendig, eine Art von ‚New Deal'...". Nach dieser wirtschaftspolitischen Feststellung ging Schewardnadse ohne Überleitung auf die „ökologische" Frage ein: „Man kann sich sehr gut eine Situation vorstellen, in der eine Regierung ein konventionelles Kraftwerk in einem Nachbarland angreift, um die Vergiftung seiner Bevölkerung mit schwefelhaltigen Emissionen zu verhindern... Solche Konflikte können demographische Probleme schaffen, Hunger und Armut unter der Weltbevölkerung, oder Epidemien ansteckender Krankheiten. Nehmen Sie zum Beispiel die Probleme, die wir auf dem Treffen in Wyoming besprochen haben... Wir diskutierten mit Präsident Bush transnationale Probleme."

Was heißt das im Klartext? Ein verbohrter AKW-Streiter wird sich vielleicht vorstellen können, daß wegen eines nicht entschwefelten Kraftwerkskamins ein Krieg ausbricht, aber Herr Minister Schewardnadse glaubt ganz gewiß nicht an diesen Unsinn. Aus dem Zusammenhang wird jedoch klar, was er eigentlich meint: „Der Westen schlittert in eine Wirtschaftskatastrophe. Der Osten ist bereits mitten drin. In Ost und West muß eine radikale Austeritätspolitik durchgesetzt werden. Wir tun das besser miteinander als gegeneinander. Wir rechtfertigen diese Politik und die Schaffung der dazu notwendigen Machtinstrumente vor der Bevölkerung mit der Gefahr einer ökologischen Katastrophe." So plump und kurz würde sich Herr Schewardnadse zwar nie ausdrücken, aber das ist es, was dem Wort „Ökodiktatur" den aktuellen Inhalt gibt.

„Sollen die im Osten doch ihre kommunistische Diktatur in eine Ökodiktatur verwandeln, die westlichen Demokratien sind davor gefeit!" Wer so denkt, hat nicht verstanden, worum es geht. Es geht um eine „globale Ökodiktatur", welche die sowjetische Führung und die amerikanische Machtelite gemeinsam kontrollieren wollen. Über Gorbatschows „Globalismus" darf man nicht vergessen, daß bereits die amerikanische Carter-Regierung ihre extreme Nullwachstumspolitik unter dem Namen „Global 2000" propagierte. Wenn sich der regierende US-Präsident Bush als der „erste Umweltpräsident" der USA brüstet, kann das nur bedeuten, daß er Jimmy Carter in den Schatten stellen will.

Global 2000

Der 1980 von der Carter-Regierung vorgelegte Bericht *Global 2000* enthält bereits ein Programm für eine malthusianische Ökodiktatur. Der Bericht *Global 2000* wurde von den meisten mit einer systemanalytischen Computerstudie verwechselt. In Wahrheit handelt es sich vielmehr um einen Erfahrungsbericht darüber, wie die Arbeit verschiedener Regierungsbehörden unter malthusianischen Zielsetzungen zusammengefaßt und der parlamentarischen Kontrolle entzogen werden kann. Es fragt sich, wie dieses Mißverständnis entstehen konnte, denn die Autoren von *Global 2000* drücken sich sehr deutlich aus, wenn sie beschreiben, wie sich ihr Bericht in die Reihe der Nullwachstumsberichte einordnen läßt.

Als ihren Urahnen ehren sie den ersten Bericht an den Club von Rom, *Die Grenzen des Wachstums*, dessen wissenschaftlicher Wert jedoch gering geschätzt wird. Das entscheidende Verdienst dieses Berichts war die „Einführung neuer Einstellungen", das heißt die „Umwertung der Werte". Die grundlegenden malthusianischen Dogmen waren danach allgemein etabliert, und *Global 2000* muß sich damit gar nicht mehr lange aufhalten, sondern kann gleich in der Einleitung feststellen, „verschiedene Bevölkerungen" der Welt hätten bereits „die Belastbarkeit ihrer Lebensräume" überschritten, weshalb „Hunger und Krankheit das Leben von mehr Babys und Kleinkindern fordern werden".

Die Autoren beschreiben dann, wie nach der Umwertung der Werte für Peccei ein „dringendes Bedürfnis bestand, diesem ersten Weltmodell aufgegliederte Studien folgen zu lassen", die zur „Kopplung mit der praktischen Politik führen würden." Die zweite Studie des *Club von Rom* von Mesarovic und Pestel hat „genau das beabsichtigt". Malthusianische Prinzipien konnten nun von einzelnen Politikern und Institutionen auf ihre besondere nationale Situation angewandt werden, und das wurden sie auch.

Nachdem das erreicht war, sahen die Autoren von *Global 2000* ihre Aufgabe folgerichtig darin, eine Institution zu schaffen, unter deren Kontrolle die einzelnen Behörden so organisiert und kontrolliert werden, daß eine globale Nullwachstumspolitik durchgesetzt werden kann. Die systemanalytische Zusammenfassung „bruchstückhafter Analysen von Teilfragen" in den einzelnen Behörden der US-Regierung wurde von einer nur dem *Weißen Haus* unterstellten Gruppe zu einer „integrierten Analyse" zusammengefaßt. Auf dieser Grundlage konnte dann Politik gemacht werden. Die Autoren stellen fest: „Dieser Ansatz bringt offensichtlich Gefahren... (Er) sorgt für politische Machtkonzentration, indem er der Gruppe für integrierte Analyse einen direkten Draht zum politischen Entscheidungsträger verschafft, während ihre Rechenschaftspflicht gegenüber außenstehenden Analysen sehr begrenzt ist." Nachdem die Autoren glasklar bekunden, wie ein ökodiktatorischer Mißbrauch der Staatsgewalt zu bewerkstelligen ist, rechtfertigen sie ihre Arbeit mit dem „Bedarf" an integrierter Analyse. So einfach ist das, solange die Angst vor der Ökokrise größer ist als die vor der Ökodiktatur!

„Beim Gongschlag war es 21 Uhr. Heute ist Donnerstag, der 24. November 1997. Sie hören Nachrichten der Umweltsendeanstalt, angeschlossen sind der Ökofunk und die gleich geschalteten Rundfunkanstalten der Länder.

WASHINGTON: In einer Feierstunde gedachte heute der amerikanische Kongreß unter Teilnahme führender Vertreter des Ecological Control Office (ECO) der Tatsache, daß vor 20 Jahren die weltberühmte Studie ‚Global 2000' in Auftrag gegeben wurde. ECO-Ehrenpräsident Jimmy Carter schilderte in seiner Festrede, wie vorausschauend diese Studie seinerzeit gewesen sei, indem er feststellte, daß man die Studie zur Zeit ihrer Entstehung niemals hätte umsetzen können, wenn die Tragweite ihrer Ziele erkannt worden wäre. Die allgemeine Meinung wäre einfach dagegen gewesen. Heute seien die Ziele jedoch in Ost und West gleichermaßen anerkannt und Bestandteil der Tagespolitik..."

15. Kapitel

Die Welt braucht mehr Menschen

Der Nahverkehrszug nach Koblenz, Ankunft Hauptbahnhof 19.44 Uhr, ist schwach besetzt, aber so leer wie an anderen Wochentagen ist er nicht. Ein paar junge Leute sind samstags immer auf dem Weg in die Stadt. Noch eine halbe Stunde dauert die Fahrt. Im ersten Abteil sitzen Christian und Sven, beide 18 Jahre, und von recht unterschiedlichem Charakter. Sven hat seinen Walkman auf größte Lautstärke gestellt. Christian liest konzentriert in einem Buch. Er versucht es zumindest. Sonst ist niemand im Abteil.

Nach 10 Minuten wird es Christian zu dumm. Er bedeutet seinem Gegenüber mit energischer Geste, den Walkman etwas leiser zu stellen. Der tut erst einmal so, als verstünde er nichts: „He?" Er nimmt den Kopfhörer ab und fragt mit gespielter Unschuld: „Is was?". Christian muß lang und breit erklären, warum ihn das Geräusch beim Lesen stört, dann dreht Sven die Lautstärke etwas zurück und blickt Christian verschmitzt an: „Gehst wohl auch heute abend in die Disko?", fragt er. Natürlich nicht, das hatte er sich gleich gedacht. Zu laut ist es ihm dort, und angeblich zu viele Leute. Das ist es doch gerade, denkt Sven, und betrachtet den komischen Vogel mit seinem dicken Buch genauer.

Neugier ist eine starke Triebfeder, stärker als das lauteste Getöse im Walkman, und bald sind beide in ein Gespräch verwickelt. Christian hat Svens lockere Bemerkung, es gebe ohnehin bald zu viele Menschen, da sei die Disko eine gute Vorübung, wirklich ernst genommen. Da muß Sven natürlich noch einen draufsetzen: „Natürlich gibt es zu viele Menschen! Mehr als 5 Milliarden sollen es schon sein, und in China kleben sie schon zusammen wie die Ameisen." Christian blickt einen kurzen Augenblick zum Fenster hinaus, als wüßte er nicht, was er mit dem lockeren Typen gegenüber anfangen sollte, doch dann schaut er ihn mit etwas übertrieben fragendem Blick an: „So? Zu viele Menschen gibt es? Woran kann man das denn feststellen?"

Sven ist sofort klar, daß er darauf reagieren muß, und zum Glück fällt ihm ein guter Spruch seines Sozialkundelehrers ein: „Die Grenzen des Wachstums sind schon lange erreicht, und wir müssen uns endlich der Verantwortung für unser Raumschiff Erde bewußt werden!"

„Raumschiff Erde," murmelt Christian leise und blinzelt in die untergehende Sonne, die gerade hinter ein paar Bäumen hervorkommt: „Es ist ein schönes Raumschiff, unsere Erde, wenn man die schönen Bilder vom Space Shuttle sieht, herrlich blau und die weißen Wölkchen." Beide sind sich zum ersten Mal völlig einig, doch nur für kurze Zeit: „Aber dein Vergleich ist ganz falsch, etwas stimmt daran nicht", fährt Christian mit schneidender Schärfe fort. „Er beweist nicht, daß es zu viele Menschen gibt. Laß mich mal nachrechnen? Skylab hatte etwa 75 Tonnen und 3 Mann Besatzung, nicht wahr?" Sven nickt zustimmend, obwohl er keine Ahnung hat. „Sajut 19 Tonnen und 2 Mann. Bei Spacelab muß man das Shuttle eigentlich mitrechnen. Grob gerechnet kommt man etwa darauf, daß jedes Besatzungsmitglied 15 Tonnen Masse des Raumschiffs braucht, um darauf leben zu können. Dann ist das Raumschiff voll." Sven schaltet den Walkman ganz aus, während Christian weiterrechnet. „Die Landfläche der Erde umfaßt 150 Millionen Quadratkilometer, sagen wir einen Kilometer Tiefe, so viel kann man technisch nutzen, bei etwa 5 Gramm pro Kubikzentimeter spezifischem Gewicht, macht etwa..."

Christian holt einen kleinen Taschenrechner aus der Jackentasche und tippt. „So, das muß man durch 5 Milliarden Menschen teilen. Also ich hab's, paß auf! Ein Raumschiff wiegt 15 Tonnen pro Mann Besatzung. Das Raumschiff Erde hat über 150 Millionen Tonnen technisch zugänglicher Masse pro Mann. Das ist das Zehnmillionenfache. Wenn die Weltbevölkerung auf das Zehnmillionenfache ansteigt, dann ist die Besatzung unseres Raumschiffs Erde im Verhältnis so groß wie auf den Raumschiffen, die wir heute bauen."

„So ein Quatsch, so habe ich das doch nicht gemeint!", ruft Sven aufgeregt, „ich verstehe gar nicht, was die ganze Rechnerei soll."

„Was das soll? Wenn du einen Vergleich machst, dann muß er auch stimmen. Ein Raumschiff ist eng, und es sind meist gerade so viele Personen an Bord, wie überhaupt hineinpassen. Allein damit, daß man die Erde ein Raumschiff nennt, ist aber noch nicht bewiesen, daß auch die Erde randvoll bevölkert ist. Das soll die Rechnerei! Weißt du, im Prinzip hast du ja recht, die Erde ist im Weltraum von der Sonne und den anderen Planeten unvorstellbar weit entfernt, wie ein kleines Raumschiff, aber die Erde selbst ist auch ganz schön groß, da ist mehr Platz, als man denkt."

Sven ist baff: „Das Millionenfache der Weltbevölkerung! Also, das meinst du doch nicht im Ernst. Das kann sich doch keiner vorstellen. Bei dir pfeift's, Mensch, schon tausendmal mehr Menschen sind ganz unvorstellbar."

„Das stimmt nicht. Darüber habe ich mir schon Gedanken gemacht, und ich kann mir das recht gut vorstellen. Paß mal auf!" Christian setzt sich kerzengerade und deutet mit dem rechten Zeigefinger auf die glatt ausgebreitete Fläche der linken Hand: „Stell dir einmal vor, du wärst ein Steinzeitmensch, ein Germane oder so etwas Ähnliches. Damals war die Bevölkerungsdichte etwa 1 Mensch pro 15 Quadratkilometer. Nun stell dir vor, da käme einer und erzählte dir, daß in 2000 bis 3000 Jahren hier mehr als 200 Menschen pro Quadratkilometer leben würden. Das ist mehr als das Dreitausendfache. Dann wärst du als alter Germane völlig von den Socken, nicht wahr, denn du könntest dir keine Hochhäuser, keine moderne Landwirtschaft, keine Kanalisation vorstellen; rein gar nichts von dem, was wir heute alles benutzen, könntest du dir vorstellen. Wenn man sich heutige Ballungszentren ansieht und modernste Technologien, Laser, Hydrokulturen in Treibhäuser, Gentechnik und so weiter, dann kann man sich schon vorstellen, daß irgendwann einmal auch 5000 Milliarden Menschen auf der Erde leben könnten. Falls die Menschheit sich alle 40 Jahre verdoppelt, wäre es in 300 Jahren soweit, vermutlich wird es aber länger dauern."

Sven schüttelt den Kopf: „Das sind doch reine Gedankenspiele. Schon heute kann ein Drittel der Weltbevölkerung nicht richtig ernährt werden."

„Mensch, du hast aber eine komische Logik. Daß so viele Menschen hungern, beweist doch noch lange nicht, daß man sie nicht sattmachen könnte, wenn man es richtig anstellt. Wir könnten heute locker 28 Milliarden Menschen ernähren, das habe ich in einem Buch des Bevölkerungswissenschaftlers Colin Clark gelesen. Und ein anderer, ich glaube, er heißt Roger Revel, hat sogar behauptet, daß die Erde 40 Milliarden Menschen ernähren kann."

Sven wird lauter: „Die können viel sagen, das kann doch keiner nachprüfen. Kannst du das etwa nachprüfen. He?"

Betont ruhig antwortet Christian: „Natürlich kann ich das nicht in allen Einzelheiten nachprüfen, aber ich glaube, sie haben recht. Ich habe mir das so überlegt. Hier, also in den westlichen Industrieländern, benötigt man etwa 0,25 Hektar Ackerland, um einen Menschen zu ernähren. Allein Afrika hat 789 Millionen Hektar landwirtschaftlich nutzbare Landfläche und könnte, wenn dort die Landwirtschaft genauso produktiv wäre wie hier, über 3 Milliarden Menschen ernähren. Wenn auf der Welt so viele Menschen hungern, dann liegt das an der wirtschaftlichen Unterentwicklung. Technisch könnte man den Hunger besiegen, aber es wird aus politischen Gründen nicht gemacht, das ist doch gerade die Schweinerei!"

Sven ist nachdenklich geworden: „Meinst du wirklich,

3 Milliarden allein in Afrika? Sonne haben die da ja genug, da muß alles gut wachsen." Er erinnerte sich an eine Fernsehsendung, in der berichtet wurde, daß man — wo wußte er nicht mehr genau, auf alle Fälle in Afrika — zwei- bis dreimal im Jahr ernten konnte. Sollte dieser Bücherwurm etwa recht haben? Nein! „Da fällt mir ein, was ich schon lange sagen wollte. Das Problem ist ja nicht allein die Nahrung. Du vergißt ganz die begrenzten Rohstoffe und die Umweltzerstörung. Da liegt nämlich der Hase im Pfeffer."

„Jetzt wiederholst du nur in anderer Form das, was du vorhin mit dem Raumschiff Erde gebracht hast. Da mußt du dir eben mal die Mühe machen und nachrechnen, wie lange die bekannten Rohstoffe ausreichen. Damit hast du eine Untergrenze. Und dann nimmst du dir einmal eine Tabelle der chemischen Elemente her, eine die auch angibt, zu wieviel Prozent das jeweilige Element in der Erdkruste enthalten ist, und rechnest nochmal. Damit hast du eine obere Grenze, denn so viel kann man maximal von dem Element gewinnen, vorausgesetzt, man hat genügend Energie. Mach dir doch mal so eine Tabelle für die wichtigsten Rohstoffe."

Sven ist das zu sehr von oben herab gesagt, und er zischt zurück: „Deine großmäuligen Rechentricks überzeugen mich gar nicht. Ich kann was besseres tun, als Zahlenreihen auf Papier kritzeln!"

„Du hast doch angefangen," gibt Christian zurück: „Außerdem will ich ja gar nicht rechnen. Ich wollte eigentlich gerade sagen, daß es mit dem Rechnen nicht getan ist. Im Grunde ist es nämlich eine moralische Frage. Siehst du, ich habe gewußt, daß du mich so anguckst, wenn ich das sage. Ich meine das nicht so wie in der Kirche oder wenn Reden geschwungen werden." Während Christian das sagt, hat er Sven offen und zugleich mit großem Ernst angeblickt. Eine kleine Pause entsteht, und erst als Sven mit einem kurzen Blick zu verstehen gegeben hat, daß er bereit ist, weiter zuzuhören, fährt Christian fort: „Also das war so. Abends kam im Fernsehen ein Bericht über die Hungerkatastrophe in Äthiopien mit schrecklichen Bildern. Die großen Augen der Kinder — ich konnte die ganze Nacht nicht schlafen. Ich habe mir immer wieder gedacht, daß doch jeder Mensch ein Recht hat zu leben, und diese Menschen können doch nichts dafür. Wenn man das wirklich ernst nimmt, mit dem Recht auf Leben, dann darf man eigentlich das Wort ‚Überbevölkerung' gar nicht in den Mund nehmen, sondern kann nur von ‚Unterernährung' oder ‚zu wenigen Nahrungsmitteln' sprechen! Am nächsten Morgen habe ich mich entschlossen, nie mehr ‚Überbevölkerung' zu sagen und zu überlegen, was man machen kann, damit kein Mensch unnötig verhungert." Nach einer kurzen Pause fügt Christian verschmitzt hinzu: „Erst danach habe ich mit den ‚Rechentricks' angefangen."

Sven holt tief Luft, kratzt sich mitten auf dem Kopf und läßt sich an die Rücklehne des Sitzes plumpsen: „Und du bist wirklich der Meinung, ganz egal wie viele Menschen es gibt, wenn man will, dann kann man sie alle ernähren?"

„Im Prinzip stimmt das, wenn man es will und alle notwendigen Technologien dafür entwickelt und nutzt."

„Dann bist du wohl auch für Kernenergie und solche Sachen!" entfährt es Sven.

„Natürlich. Auf die Kernenergie kann man nicht verzichten, vor allem in den Entwicklungsländern. Sie muß nur ganz sicher gemacht werden."

„Das sagst du so, als wäre das alles schon gebongt. In Tschernobyl hat man doch gesehen, was passieren kann. Das Risiko kann man doch keinem aufzwingen!"

Nun muß Christian tief Luft holen, als müßte er sich gegen eine riesige Woge anstemmen: „Schon wieder, kaum hat man das Wort Kernenergie ausgesprochen, da kommt die ganze Litanei!"

„Ich habe ja noch gar nicht richtig angefangen", erwidert Sven mit einem breiten Grinsen.

„Also ehrlich, ich weiß ja auch nicht, wie jede Schraube

im Kernkraftwerk aussieht, und natürlich will ich nicht, daß sich Tschernobyl wiederholt. So etwas darf es einfach nicht geben. Aber die Wissenschaftler, die jahrzehntelang geforscht und Kernkraftwerke gebaut haben, sind auch nicht alle blöde. Und mich überzeugen sie allemal mehr als diese Anti-Kernkraft-Fachleute. Die meckern nämlich nur. Dabei ist die Frage doch... Also, stell dir vor, du sitzt mitten in der Wüste und bist halb verdurstet. Dein Auto ist völlig hinüber. Da kommt ein Lastwagen vorbei, der hat Sprengstoff geladen und nimmt dich zur nächsten Oase mit. Unterwegs erzählt dir der Fahrer, was er für einen heißen Ofen fährt, und daß vor drei Wochen einer seiner Kollegen mitsamt der Ladung in die Luft geflogen ist. Da würde doch nur ein Trottel aussteigen und sagen: ‚Das Risiko ist zu groß, ich verdurste lieber!' Bei der Kernenergie wird aber heute genau so argumentiert."

Während sich der Zug den ersten Vororten von Koblenz nähert, wird es im Abteil immer munterer. Sven ist unterdessen mehr und mehr davon überzeugt, daß Christian ein unverbesserlicher Technikfanatiker sei, der mit genügend billiger Energie alle Probleme lösen wolle, und wird stinksauer, als Christian fragt, ob er denn persönlich die Verantwortung übernehmen und entscheiden wolle, wer leben dürfe und wer wegen Energiemangel sterben müsse. Trotz der hitzigen Debatte versäumt es Sven jedoch niemals, genau darauf zu achten, ob bei den kurzen Aufenthalten interessante Leute in den Zug einsteigen.

Während der Zug die Einfahrtsignale von Koblenz Hauptbahnhof passiert, meint Sven, man könne das Thema nicht völlig abhaken, und Christian versucht, ihm in aller Kürze zu beweisen, daß die Welt deshalb mehr Menschen brauche, weil die Arbeitskraft pro Kopf gewaltig steigt und heute ein einziger Arbeiter so produktiv ist wie zum Beispiel tausend Arbeiter im Mittelalter. Bei höherer Produktivität könne man einerseits mehr Menschen ernähren, brauche aber andererseits auch mehr. Svens Blick streift unterdessen den Bahnsteig entlang, einige von seinen Freunden warten bestimmt schon auf ihn. Beim Aussteigen fragt er Christian, ob er nicht doch mal mit in die Disko kommen wolle. Christian schüttelt den Kopf: „Zu laut!"

„Und zu überbevölkert" grinst Sven: „He, hast du eigentlich eine Freundin?" „Ja, wieso?" „Das ist bestimmt so eine mit Brille!" ruft Sven, während er winkend auf ein munteres Grüppchen vor dem Bahnhof zuläuft. Christian winkt auch kurz hinüber und geht nachdenklich weiter: „Hat der überhaupt kapiert, was ich gesagt habe? Naja, auf jeden Fall war das besser, als wenn ich mich die ganze Zeit über das Getöse aus seinem Walkman geärgert hätte."

16. Kapitel

Die Zukunft liegt in den Sternen

Vor mehr als 350 Jahren schrieb Johannes Kepler, der Schöpfer der modernen Himmelsphysik, sein Buch *Der Traum vom Mond*. Darin schlug er vor, man solle eine Raumfahrt zum Mond unternehmen, um herauszufinden, ob unser Erdtrabant bewohnt sei. Kepler prophezeite: „Schafft Segel, um das Weltall zu durchfahren, und es wird Menschen geben, die sich vor den weiten Öden nicht fürchten". Im letzten Jahrhundert beschrieb Jules Verne eine phantastische Mondreise. Als der amerikanische Präsident John F. Kennedy am 25. Mai 1961 ein Raumfahrtprogramm ankündigte, mit dem „vor Ablauf dieses Jahrzehnts Menschen auf dem Mond" landen und sicher zur Erde zurückgebracht werden sollten, da hielten das selbst unter den Spezialisten nur wenige für möglich. Am 21. Juli 1969 setzte der erste Mensch seinen Fuß auf den Mond. Wenn wir uns in das Jahr 2050 begeben, um an einem Flug zum Planeten Mars teilzunehmen, ist das also kein übertriebenes Wagnis.

Eine Reise zum Mars

Wir starten von einem normalen Flugplatz mit einer Maschine, die einem heutigen Düsenjet gleicht. Der Jet bringt uns jedoch nicht nach Paris oder Washington; er trägt uns innerhalb von wenigen Minuten aus der Atmosphäre hinaus in eine Erdumlaufbahn. Während der Fahrt übertragen verschiedene Kameras direkt Bilder der sich entfernenden Erde auf große Videoschirme im Fahrgastraum. Auf zugeschalteten Monitoren kann man erfahren, welches Wetter in den gerade gezeigten Regionen der Erde ist und die neuesten Nachrichten von dort erfahren. Die Fahrt ist sehr kurzweilig, und ehe wir uns versehen, erreichen wir die Raumstation, einen riesigen Weltraumbahnhof, von dem aus planetare Raumschiffe starten.

Nach einem kurzen Anlegemaneuver befinden wir uns in einer großen Halle. Nach der rasanten Fahrt des Jets kommt es uns hier trotz der Geschäftigkeit, wie wir sie von heutigen Bahnhöfen kennen, sehr ruhig vor. Die Raumstation besteht aus zwei riesigen „Bahnsteigen", die mit einem kilometerlangen Stahlseil verbunden sind und um den gemeinsamen Mittelpunkt rotieren. Wir spüren genau wie auf der Erde eine Schwerkraft von einem g nach unten, das heißt, wir haben jetzt wieder unser normales irdisches Gewicht. In Wirklichkeit gibt es kein Unten und Oben, unser Kopf zeigt immer in Richtung des Drehpunktes der Station und unsere Füße nach außen. Das merken wir jedoch nur, wenn wir durch eine der großen Luken die Erde, die Sonne oder den Mond rasch vorbeiziehen sehen.

Nach kurzer Wartezeit können wir an Bord des großen interplanetaren Raumschiffs gehen, welches uns zum Mars bringen wird. Die Passagierkabine ist etwa so groß wie ein achtstöckiges Haus und bietet allen Komfort eines früheren Ozeandampfers der Luxusklasse. Trotz seiner Größe ist die Kabine nur der kleinste Teil des Raumschiffs, dessen Motoren mit Kernfusionsenergie angetrieben werden. Sehr schnell erreicht das Raumschiff eine Beschleunigung von einem Sechstel der Erdschwere. Wir fühlen uns also genauso wie bei einem Aufenthalt auf dem Mond. Das ist den meisten Passagieren wohlbekannt, denn zum Mond gibt es billige Wochenendausflüge, die bei Kindern besonders beliebt sind.

Als Passagiere des interplanetaren Raumschiffs merken wir nicht, daß unsere Geschwindigkeit immer größer wird. Der Kapitän informiert über Bordlautsprecher, daß auf unserer Route die Höchstgeschwindigkeit 345 000 Kilometer pro Stunde betragen wird und daß wir für die Fahrt zum etwa 80 Millionen Kilometer entfernten Mars nur fünf Tage benötigen werden. Genau nach der halben Flugstrecke dreht sich das Raumschiff um 180 Grad, und die Motoren bremsen das Raumschiff genauso stark ab, wie sie bis dahin beschleunigt haben. Auch dieses Manöver ist an Bord kaum zu spüren, es wird jedoch mit einer großen Party gefeiert, und Passagiere, die zum ersten Mal einen planetarischen Raumflug mitmachen, erhalten bei dieser Gelegenheit von der Raumfahrtgesellschaft eine kleine Anstecknadel mit den Daten des Raumschiffs.

Bei der Ankunft auf dem Mars steigen wir wieder in einem Weltraumbahnhof um und erreichen nach einem rasanten Landeanflug *Kepleriana*, die erste und größte Stadt auf dem Mars. Sie wurde nach dem Forscher benannt, der mit Hilfe seiner neuen Theorie über die Marsbahn die moderne Himmelsphysik entwickelte. Es gibt fünf Städte auf dem Mars, in denen fast eine halbe Million Menschen permanent wohnen. Die zweitgrößte Stadt ist Galileo-City und zwei weitere Städte sind im fortgeschrittenen Planungsstadium; die eine soll nach Olaf Römer, die andere nach Albert Einstein benannt werden.

Die Städte auf dem Mars sehen aus wie wabenförmig aneinandergelagerte Kuppeln. In der Mitte ist eine große Zentralkuppel, von der spiralförmig nach allen Himmelsrichtungen verschiedene Reihen kleinerer Kuppeln ausgehen. Die gesamte Infrastuktur, der Verkehr und die Versorgung, sowie der Großteil der Produktionsanlagen liegen unterhalb der Oberfläche. Schon beim Landeanflug erkennen wir, daß in einem ringförmigen Bereich um das Zentrum die Kuppeln mit besonders vielen Fenstern ausgestattet sind. Aus ihrem Innern schimmert es grün; es sind große Gewächshäuser, in denen die Nahrung für die Stadt gezogen wird. Die anderen Kuppeln haben weniger Fenster, die über ein komplexes Steuersystem geöffnet und geschlossen werden, um in den Gebäuden optimale klimatische Bedingungen zu schaffen. Es wäre natürlich interessant, sich gleich zu einem Stadtbummel durch das Zentrum von *Kepleriana* aufzumachen, doch wir wollen unseren Ausflug hier beenden.

Die wirklichen Probleme der Erde

War dieser Ausflug ein reines Hirngespinst, oder werden unsere Enkel und Urenkel im Jahre 2050 tatsächlich derartiges erleben? Ganz sicher, so ähnlich wird es sein, wenn sich die Menschheit in der Zwischenzeit nicht durch eigene Dummheit zugrunderichtet. Das kann man mit großer Gewißheit sagen, denn nachdem die Menschheit die letzten Winkel der Erde erkundet und fast alle Erdteile besiedelt hat, nachdem sie die Technik entwickelt hat, sich von der Erde selbst zu entfernen und den nächstgelegenen Himmelskörper, den Mond, bereits betreten hat, stellt sich nun eine konkrete Aufgabe: die Erforschung und Besiedelung der Planeten des Sonnensystems. Das nächste große und realisierbare Ziel ist der Mars. Ein Marsprogramm wird genau die Technologien und Wirtschaftsimpulse hervorbringen, die wir dringend zur Lösung der Probleme auf der Erde brauchen.

Die schlimmsten Auswirkungen hatte das Nullwachstumsdenken in den letzten drei Jahrzehnten auf Forschung und Wissenschaft. In dieser Zeit ist zwar sehr viel in der Wissenschaft geschehen, aber waren die neuen Entdeckungen und Entwicklungen wirklich relevant, haben sie eine Bedeutung für die Zukunft der Menschheit? Bei genauerem Hinsehen stellt man ernüchtert fest: Wir waren sehr erfolgreich bei der Beantwortung irrelevanter Fragen! Das ist ein hartes Urteil, aber entscheiden Sie selbst. Zur Zeit der Mondflüge war es unvorstellbar, daß ein Wissenschaftler Hunger und Elend in Afrika als unabänderlich hingenommen hätte: „Wenn wir einen Menschen auf den Mond bringen können und gesund wieder zurück, dann können wir auch die Probleme auf der Erde lösen." So hat man damals gedacht. Was ist die Reaktion der Mehrzahl der Wissenschaftler, wenn sie heute auf das gleiche Problem angesprochen werden? Es wird von „Überbevölkerung" gesprochen, von „unlösbaren politischen Problemen", von der „Gefahr, die Fehler der Industriestaaten zu wiederholen", oder es wird sogar gesagt, daß die Menschen in der Dritten Welt „besser heute als morgen verhungern" sollen. Wenn das eine „neue" Erkenntnis sein soll, dann kommt sie jedenfalls nicht daher, daß man klüger geworden ist, sondern nur unmoralischer als vor dreißig Jahren.

Nur wenn sich das wissenschaftliche Denken daran orientiert, die technologischen Voraussetzungen zu schaffen, mit denen die Welt so entwickelt werden kann, daß jeder Mensch leben und sein schöpferisches Potential entfalten kann, dann und nur dann stellt die Wissenschaft die relevanten Fragen, dann und nur dann sind die Ergebnisse der Wissenschaft zu etwas nutze. Fehlt diese Orientierung, dann wird auch die erfolgreichste Beschäftigung mit Grundlagenwissenschaften, mit Schadstoffdetektoren, mit mathematischen Wirtschaftstheorien, mit Biofallen für Borkenkäfer oder mit Windrädern wertlos.

Wo die relevanten Fragen liegen, das tritt ganz deutlich zu Tage, wenn man sich zwischen 5 und 10 Milliarden Menschen auf der Erde vorstellt, die einen Lebensstandard haben, wie er etwa Mitte der sechziger Jahre hier in der Bundesrepublik bestand; wenn man sich vorstellt, was es weltweit bedeuten würde, die gesamte südliche Welthalbkugel innerhalb einer Generation aus dem Nichts aufzubauen, wie es hier in der Bundesrepublik nach dem Weltkrieg geschehen ist. Dann treten erst die wirklichen wissenschaftlichen Herausforderungen zutage, welche die Nullwachstumsideologie heute aus den Köpfen der Wissenschaftler vertreibt und vernebelt. Wirkliche Herausforderungen sind die Verdreifachung bis Verfünffachung der Energieerzeugung, die Begrünung von Wüsten, die technologische Erschließung der Meere, um den heutigen Fischfang durch gezielte Meeresbewirtschaftung zu ersetzen, usw.

Wer sich diesen Herausforderungen ernsthaft stellt, der sieht, daß genau die Fragen zu lösen sind, die bei einem Projekt zur Besiedlung des Planeten Mars anstehen. Wir brauchen ein großes Ziel, eine Orientierung, womit das Denken heraus aus den beklemmenden Niederungen der Nullwachstumsideologie gezogen wird und sich zur wirklichen Verantwortung für zukünftige Generationen erheben kann. Die Raumfahrt kann uns dieses Ziel „kostenlos" geben. Wir brauchen ein Marsprojekt, um das zu beschleunigen, was ohnehin für die Entwicklung der Erde getan werden muß. Wer für die Erde technologische Stagnation, malthusianisches Nullwachstum und wirtschaftliche Auszehrung plant, dem erscheint das Marsprojekt natürlich als etwas, das nur „Extrakosten" hervorruft. Wer die Menschen der Welt wirklich entwickeln will, der erkennt die Raumfahrt als große Hilfe. Drei Jahrzehnte Nullwachstumsideologie haben uns heute vor die konkrete Wahl gestellt: Entweder gewinnen wir den Mars und die Erde, oder wir verlieren die Erde!

Menschliche Zukunft

In tausend Jahren, was werden dann die Kinder dieser Welt von uns wissen, was werden sie Erwähnenswertes über unsere Generation in der Schule lernen? Wie schön wäre es, wenn sie mit funkelnden Augen sagen würden: „Damals ist die Menschheit zum ersten Mal in den Weltraum vorgedrungen. Damals hat der erste Mensch den Mond betreten und dabei stolz gesagt: ‚Ein kleiner Schritt für einen Menschen, aber ein großer Schritt für die Menschheit!' Damals begann der Aufbruch in die Neue Welt." Sie würden dann vielleicht sogar die in ihren elektro-optischen Videogeräten gespeicherten Bilder der Saturnrakete und der Mondfähre betrachten und mit großer Ortskenntnis die ersten Landegebiete auf dem Mond bezeichnen, welche sie gerade im Heimatkunde-Unterricht gelernt hätten. Wenn die Menschheit in einem Jahrtausend noch leben wird, dann wird das ganz bestimmt so sein, denn mit dem Maßstab der Jahrtausende gemessen, haben wir sonst nichts Wichtiges vollbracht.

In Jahrmillionen und Jahrmilliarden, was wird dann sein? Wir wissen, daß die Sonne wie jeder andere Stern vergehen wird. In einer unvorstellbar fernen Zukunft, jedoch sicher irgendwann in einer endlichen, meßbaren Zeit, wird die Sonne bei ihrem Untergang die Erde für alles Leben unbewohnbar machen. Wird dann alles, was die Menschheit erschuf, mit unserem Heimatplaneten vergehen, oder wird sich dann das Leben und die schöpferische Intelligenz des Menschen hinaus in die Weiten des Universums verbreitet haben, um andere Planetensysteme zu beleben und zu entwickeln?

Wieviele reden heute von der Zukunft, von „unserem Planeten Erde", den wir „zukünftigen Generationen erhalten" müssen? Und wie wenige stellen sich diese Frage wirklich ernsthaft und konsequent! Unser Planet Erde kann gar nicht erhalten werden wie er ist, er hat sich selbst nie im gleichen Zustand erhalten. Spätestens seitdem das Leben die Photosynthese erfunden hat, seitdem für die Entwicklung auf der Erde die von außen einströmende Energie des Sonnenlichtes entscheidend wurde, spätestens seit dieser Zeit hat sich „unser Planet Erde" auf eine Entwicklungslinie begeben, welche eine „offene Welt" voraussetzt. Für unseren Planeten Erde gibt es kein Zurück mehr in einen abgeschlossenen Zustand. Und genauso, wie jedes Kind strebt, aus seinem Laufstall herauszukommen, und als junger Mensch aus seiner Heimatstadt strebt, um die Welt zu erforschen und zu erobern, genauso wird dieser offene Lebensprozeß im Universum keine endgültige Grenze akzeptieren. Die Menschheit wird zuerst das Planetensystem der

Sonne erforschen und erobern, um dann, so unvorstellbar uns das heute sein mag, zu anderen Planetensystemen vorzudringen. Als Begründung dafür, warum man zum Mars, zum Saturn, zu neuen Welten aufbricht, wird man genau das angeben, was Sir Edmund Hillary zur Antwort gab, als man ihn fragte, warum er den Mount Everest bestiegen habe. Er hat den höchsten Berg der Welt erklommen, „weil es ihn gab!"

Wie klein ist unser Leben heute zwischen Büroschränken und Ladentheken geworden, daß wir uns dieses Streben fast nicht mehr vorstellen können! Und dennoch ist es zutiefst mit dem Menschsein verbunden. Es gehört ganz allgemein zum Wesen des Lebens, denn wie sonst wäre die Beharrlichkeit zu erklären, mit der das Leben danach strebt, jedes Fleckchen der Erde, so unwirtlich es auch sein mag, zu erobern, Besitz davon zu ergreifen und es dann auf seine Weise zu verwandeln.

Eine Gattung nach der anderen, eine Tier- und Pflanzenart nach der anderen entwickelte sich und baute auf dem Lebensprozeß der Vergangenheit auf, um neue Bereiche zu erobern. So kam das Leben aus dem Meer, so eroberte es Kontinente, Wüsten und die Pole. Mit dem vernunftbegabten Menschen gelang dem Leben auf unserem Planeten etwas ganz Besonderes. Der Mensch kann das, wozu ansonsten neue Gattungen nötig waren, als Gattung tun, indem er sein soziales Verhalten ändert und neue Technologien erfindet und so bestehende Existenzgrenzen überwindet. Mit dem Menschen kann die Natur ihren Lebensprozeß äußerst ökonomisch fortsetzen und sich die Entwicklung vieler Gattungen ersparen. Der Mensch kann den Lebensprozeß auch über Grenzen hinaustragen, die jeder anderen Gattung als unüberwindlich gegenüberstehen: Er kann den Weltraum überwinden.

Lyndon H. LaRouche jr.

„Was Sie schon immer über Wirtschaft wissen wollten!"

Dollarverfall, Handelskrieg, steiler Anstieg der Insolvenzen, anhaltende Massenarbeitslosigkeit, unkontrollierte Verbreitung von Seuchen wie AIDS aus dem völlig ruinierten Entwicklungssektor in die Industriestaaten — immer sichtbarer treten die Symptome der Weltwirtschaftskrise zutage. Der Bankrott der herrschenden Wirtschaftstheorien, die für diese Katastrophe keine Lösung kennen, ist offenkundig. Dennoch werden sie an unseren Universitäten weiter gepredigt.

Der amerikanische Wirtschaftswissenschaftler und Politiker Lyndon LaRouche setzt die Grundlagen einer Wirtschaftswissenschaft dagegen, die auf Gottfried Wilhelm Leibniz' Konzept von Technologie aufbaut: Ökonomie als die Wissenschaft von der wachsenden Beherrschung der Natur durch den Menschen, im Einklang mit den Gesetzen des Universums. Dieses Konzept entspricht dem „Amerikanischen System", wie es von Alexander Hamilton, Henry Carey, Friedrich List u.a. erarbeitet und erfolgreich angewandt wurde.

Der besondere Beitrag LaRouches ist die Anwendung der Mathematik Bernhard Riemanns, um die Auswirkungen technologischen Fortschritts auf das Wirtschaftswachstum faßbar zu machen. Resultat dieser Arbeiten ist das ökonometrische LaRouche-Riemann-Modell.

Zu bestellen bei der: **Dr. Böttiger Verlags-GmbH,**
6200 Wiesbaden,
Dotzheimer Str. 168

ISBN: 3-925725-02-4, 246 Seiten, DM 16,-

Absender:
Name ....
Vorname ....
Straße, Hausnr. ....
PLZ, Ort ....

Dr. Böttiger Verlags-GmbH
Postfach 1611

D-6200 Wiesbaden

☐ Ich bestelle .... Exemplare des Taschenbuches *Sackgasse Ökostaat: Kein Platz für Menschen.*

☐ Bitte liefern Sie .... Exemplare an meine obenstehende Adresse

☐ Bitte schicken Sie .... Exemplare an folgende Schule oder Hochschule

....

☐ Ich möchte gegenüber der Schule als Spender genannt werden.

☐ per Rechnung ☐ per Abbuchung ☐ per Überweisung
Verrechnungsscheck über .... DM liegt bei.

☐ Bitte buchen Sie den Betrag von DM von meinem Konto ab.
Kreditinstitut: ....
Konto-Nr.: .... (BLZ ....)

Name .... Vorname..................

Datum .... Unterschrift...............